La société en commandite spéciale

Logiques Juridiques

Fondée par Gérard Marcou

Dirigée par Jean-Claude Némery et Thomas Perroud

Le droit n'est pas seulement un savoir, il est d'abord un ensemble de rapports et pratiques que l'on rencontre dans presque toutes les formes de sociétés. C'est pourquoi il a toujours donné lieu à la fois à une littérature de juristes professionnels, produisant le savoir juridique, et à une littérature sur le droit, produite par des philosophes, des sociologues ou des économistes notamment.

Parce que le domaine du droit s'étend sans cesse et rend de plus en plus souvent nécessaire le recours au savoir juridique spécialisé, même dans des matières où il n'avait jadis qu'une importance secondaire, les ouvrages juridiques à caractère professionnel ou pédagogique dominent l'édition, et ils tendent à réduire la recherche en droit à sa seule dimension positive. À l'inverse de cette tendance, la collection « Logiques juridiques » des éditions L'Harmattan est ouverte à toutes les approches du droit. Tout en publiant aussi des ouvrages à vocation professionnelle ou pédagogique, elle se fixe avant tout pour but de contribuer à la publication et à la diffusion des recherches en droit, ainsi qu'au dialogue scientifique sur le droit. Comme son nom l'indique, elle se veut plurielle.

Dernières parutions

Cristina Elena POPA TACHE, *Vers un droit de l'âme et des bioénergies du vivant*, 2022.

Sabine NDZENGUE AMOA, *Le permis de construire dans le droit de l'urbanisme,* 2022.

Demba MBOW, *Le secret dans l'arbitrage international, Approche critique,* 2021.

Benoît GRÉMARE, *De l'arme nucléaire française. Essai sur la constitutionnalisation de la force de frappe,* 2021.

Gladys TREZENEM, *La dignité de la personne humaine et le juge administratif*, 2021.

Romain FEYDEL

LA SOCIETE EN COMMANDITE SPECIALE

Essai en droit luxembourgeois

L'Harmattan

Du même auteur

Le refinancement d'entreprises en difficulté - L'optimisation juridique du concept de capital-retournement, Th. Léobon, M. Bayle (préf.) Logiques juridiques-Thèses, L'Harmattan Paris, 2021.

Fusion d'esprits - Récits croisés d'une mère et son fils, coécrit avec Annette Ceaux-Feydel, Rue des Écoles-Littérature, L'Harmattan Paris, 2021.

La société de libre partenariat -Régime juridique et fiscal, le Droit Aujourd'hui, L'Harmattan Paris, 2020.

La société par actions simplifiée et le financement d'entreprises en difficulté, L'Harmattan Paris, 2016.

Iuris Prudencia - Chronique en droit des affaires, LEN Paris, 2016.

La fluidité du marché -Essai en droit de la concurrence, E. Maurin (préf.), LEN Paris, 2015.

5-7, rue de l'École-Polytechnique ; 75005 Paris

http://www.editions-harmattan.fr

ISBN : 978-2-343-25529-3

EAN : 9782343255293

à mes parents et ma petite sœur,
lecteurs de la première heure

Principaux sigles et abréviations

ACPR	Autorité de contrôle prudentiel et de résolution
aff.	Affaire
AFIA	Autre fonds d'investissement alternatif
AG	Assemblée générale
AIFM	Alternative Investment Fund Manager
al.	alinéa
AMF	Autorité des marchés financiers
AN	Assemblée Nationale
ann.	Annexe
Art.	Article
Art. Préc.	Article précité
Ass. plén.	Assemblée plénière
BewG	Loi relative à l'évaluation des biens et valeurs
BICC	Bulletin de la cour de cassation
c/	contre
C. civ. Lux.	Code civil du Luxembourg
CGI	Code général des impôts
Chron.	chronique
CMF	Code monétaire et financier
coll.	collection
CTA	Corporation Tax Act
doc.	document
ESMA	European Securities and Markets Authority
FIA	Fonds d'investissement alternatif
FIAR	Fonds d'investissement alternatif réservé
fisc.	fiscal
Gp	General partner
Ibid.	Au même endroit

Infra.	Au-dessus
IR	Impôt sur le revenu
IS	Impôt sur les sociétés
JO	Journal officiel
L.	Loi
LBO	Leveraged buy out
LIR	Loi concernant l'impôt sur le revenu
LP	Limited partnership
Lp	Limited partner
LSC	Loi sur les sociétés commerciales
Mém.	Mémorial
n.	note
Op. cit.	Opere citato, cité précédemment
OPC	Organisme de placement collectif
OPCVM	Organisme de placement collectif en valeurs mobilières
Ord.	Ordonnance
p.	page
PA	Partnership Act
pp.	pages
préc.	précité
RB	Revue bancaire
rapp.	rapport
réf.	référence
rev.	revue
s.	suivant(s)
SA	Société anonyme
SCSp	Société en commandite spéciale
SIC	Société immobilière de copropriété
SLP	Société de libre partenariat
Soparfi	Société de Participation financière
Supra	Plus haut
t.	tome
V.	Voir
vol.	volume

Sommaire

Sommaire

« La logique vous mènera d'un point A à un point B. L'imagination vous mènera partout. »[1]

Albert Einstein

Introduction

01. Une forme inédite de *limited partnership.* La plupart des systèmes juridiques qualifiés de civilistes possèdent tous leur propre *partnership*[2].

Profitant de la transposition de la directive dite « AIFM » relative aux gestionnaires de fonds alternatifs[3], le législateur luxembourgeois a instauré une nouvelle forme juridique de commandite simple[4]. Dès lors, l'objectif fut de

---

[1] W. ISAACSON, *Einstein - His Life and Universe*, Simon & Schuster UK Ltd, 2007, p. 102.

[2] K. PANICHI, L. SCHUMMER, O. GASTON-BRAUD, *Les sociétés en commandite luxembourgeoise : des véhicules d'investissement, Droit bancaire et financier au Luxembourg,* Vol. 3, Larcier, 2014, n° 2, p. 33.

[3] Directive n° 2011/61/UE du 8 juin 2011, qualifiée de directive AIFMD, JOUE 1er juillet, n° L 174, transposée par la loi du 12 juillet 2013 relative aux gestionnaires de fonds d'investissement alternatifs, Mémorial A. n° 119, 15 juillet 2013.

[4] Loi du 12 juillet 2013, art. 189. Toutefois, il faut préciser que les modifications apportées aux régimes des sociétés en commandite simple et par actions ne se cantonnent pas uniquement à cet article. Le droit des sociétés commerciales, dont la SCSp, est régi au Grand-Duché de Luxembourg par la loi du 10 août 1915 relative aux sociétés commerciales (LSC) ainsi que par ses multiples réformes dont la dernière précise le régime juridique de la société en commandite spéciale ; à savoir la loi du 10 août 2016 portant modernisation de la loi modifiée du 10 août 1915 concernant les sociétés commerciales et modifiant le Code civil et de la loi modifiée du 19 décembre 2002 concernant le registre de commerce et des sociétés ainsi que la comptabilité et les comptes annuels des entreprises, publiée le 19 août 2016 et entrée en vigueur le 23 août 2016.

fournir un véhicule d'investissement capable de rivaliser avec les *limited partnerships* anglo-saxons qui captaient jusqu'alors une grande partie des investissements européens mais également mondiaux[5]. Si au Grand-Duché de Luxembourg la fiscalité fait référence dans le secteur du *Private Equity* depuis nombre d'années, il en va désormais de même avec son droit des sociétés. Le couplage des deux permet à la doctrine de qualifier l'ensemble de « *package Private Equity* luxembourgeois »[6].

02. Une forme sociale non réservée à la constitution d'un fonds. La commandite spéciale est une société non réservée à la constitution d'un type de fonds d'investissement. Elle est disponible pour toute utilisation de nature financière, commerciale ou civile. D'un point de vue purement financier, cette forme sociale peut être utilisée comme fonds d'investissement alternatif par nature et ce sous diverses formes[7]. Il peut s'agir d'un fonds d'investissement spécialisé[8], ou encore d'un fonds

---

[5] P.-M. ALTMAN, M.-I. LUBAROFF, *Delaware Limited Partnerships*, *Coll.* Law and business, Wolters Kluwer, 2017, § 1-2 et s.

[6] O. COEKELBERGS, K. LAKEBRINK, « La Société en Commandite Spéciale, le dernier ingrédient du « package Private Equity » luxembourgeois ? », AGEFI Luxembourg - Le journal financier de Luxembourg, Mars 2014.

[7] K. PANICHI, « Société en commandite spéciale : une opportunité pour le Luxembourg », Avis d'expert, Paperjam-News économiques et financières, 03 décembre 2012.

[8] Un FIS peut être constitué sous forme de fonds commun de placement (FCP) ; de Société d'Investissement à Capital Variable (SICAV); d'une Société d'Investissement à Capital Fixe (SICAF); Dans le cas d'une SICAV/F, le FIS peut recourir à la forme : Société Anonyme (SA); Société à Responsabilité Limitée (SARL); Société Commanditaire Simple (SCS); Société Commanditaire Spéciale (SCSp); Société Commanditaire par Actions (SCA); Société Coopérative organisée comme une Société Anonyme (SCOSA). V. en ce sens : loi du 13 février 2007 (dite loi FIS), amendée par les articles 126 à 152 de la loi

d'investissement à long terme[9], d'un fonds européen de capital-risque[10], ou bien même d'un fonds d'investissement alternatif réservé[11]. La commandite spéciale peut également revêtir la fonction d'une société de participation financière très prisée par les acteurs européens du *private equity* comme société sous-jacente au fonds d'investissement[12]. Elle démontre aussi certains atouts lorsqu'elle constitue une société d'investissement en capital-risque. Toutefois, l'activité de gestion de patrimoine familial lui restera interdite puisqu'elle nécessite l'utilisation d'une société de capitaux[13]. En revanche, le régime des autres fonds d'investissement alternatifs lui est ouvert.

---

du 12 juillet 2013 sur les gérants de fonds d'investissement alternatifs (loi AIFM) ainsi que les cinq circulaires émises par la CSSF ; G. DUSEMON, C. POGORZELSKI, « Chapitre IV. Les commandites dans le contexte des fonds d'investissement et gestionnaires réglementés : l'impact de la loi du 12 juillet 2013 sur les gestionnaires de fonds d'investissement alternatifs sur les lois sectorielles applicables aux SICAR et FIS », *in* C. BOYER (dir.), *Les commandites en droit luxembourgeois, coll.* Les dossiers du journal des tribunaux du Luxembourg, Larcier, 2014, pp. 86 et s. ; Pour un descriptif détaillé de chaque véhicule d'investissement luxembourgeois et de leur régime, voir : C. KREMER, I. LEBBE, *Organismes de placement collectif et véhicules d'investissement apparentés en droit luxembourgeois*, 3ème éd., Larcier, 2014.

9 Règlement (UE) n° 2015/760 du Parlement européen et du Conseil du 29 avril 2015 relatif aux fonds européens d'investissement à long termes (FEILT).

10 Règlement (UE) n° 345/2013 du Parlement européen et du Conseil du 17 avril 2013 relatif aux fonds européens de capital-risque (EUVECA).

11 Loi du 23 juillet 2016 relative aux fonds d'investissement alternatifs réservés, Mémorial A-n° 140, 28 juillet 2016 ; O. COEKEIBERGS, J. AUBOURG, « FIAR - Fonds d'Investissement Alternatif Réservé », AGEFI Luxembourg, Journal financier de Luxembourg, Janvier 2016.

12 K. PANICHI, *art. préc.*

13 Loi du 11 mai 2007 relative à la création d'une société de gestion de patrimoine familial (« SPF »), Mémorial A - n°75, 14 mai 2007, Ch. I, art. 1er (1).

Ainsi, la société en commandite spéciale reste une forme sociale non réservée à la constitution d'un fonds alternatif spécifique. Elle est régie par le droit des sociétés, lui permettant de se montrer malléable à souhait face à la réglementation financière et d'être ainsi pleinement adaptée à la pratique du refinancement de l'investissement durable[14].

03. La société en commandite spéciale luxembourgeoise étant la concurrente européenne directe de la société de libre partenariat, elle doit faire l'objet d'une analyse juridique et fiscale pour déterminer les attentes des acteurs du capital-investissement.

En analysant la société en commandite spéciale, son adaptation à la pratique de l'investissement fait d'elle un puissant levier d'optimisation juridique en *Private Equity*

---

[14] La loi du 12 juillet 2013 portant création de la SCSp a également transposé la directive AIFMD relative aux gestionnaires de fonds alternatifs. Ainsi, la réglementation financière concernant la gestion d'un fonds d'investissement alternatif par nature ou par objet constitué sous forme de SCSp s'applique conformément au droit européen à l'instar de ce que connaît la SLP en France. Dès lors, notre réflexion se concentre sur des gestionnaires n'atteignant pas les seuils de gestion, puisque notre raisonnement prend appui sur la reprise de PME en difficultés ; laissant peu de chance pour le gestionnaire d'atteindre les seuils précités. La réglementation en vigueur se montre alors plus attractive, puisque présentant moins d'obligations pour le promoteur du fonds. Après plusieurs consultations lancées relatives à la transposition de la directive dite « AIFM », la *Financial Conduct Authority* (FCA), équivalente de l'AMF en France, a publié le règlement sur les gestionnaires de fonds de placement alternatifs 2013 en y joignant un exposé des motifs ainsi qu'une notice détaillant la présente transposition. Ce règlement est venu mettre en oeuvre les dispositions contenues par la Directive européenne AIFM. Il a notamment modifié les dispositions de la loi de 2000 sur les services financiers et les marchés ainsi que celles touchant à la loi de 2000 sur les services et marchés financiers afin de définir les activités réglementées touchant à la gestion d'un FIA.

même si de sérieuses incohérences juridiques restent flagrantes (**Première partie**). Cela ne l'empêche pas de disposer d'une transparence fiscale pure, laquelle permet alors la mise en place d'un levier d'optimisation fiscale internationale compensant les risques financiers supportés (**Seconde partie**).

- Première partie -

La société en commandite spéciale, levier d'optimisation juridique en *Private Equity*

04. Les gouvernements luxembourgeois ont voulu faire de la commandite spéciale un véhicule d'investissement par excellence à destination des acteurs du *Private Equity*. Cette structure répond aux attentes des acteurs mondiaux de l'investissement.

Bravant certains principes traditionnels du droit des sociétés luxembourgeois, la nature *sui generis* de cette société fait ressortir son caractère dédié à l'investissement (**Chapitre I**). Une nature prenant appui sur la prédominance du contrat social afin de sécuriser cette prise de risque (**Chapitre II**).

Chapitre I

La nature inédite dédiée à l'investissement

05. L'atout majeur de cette société de droit luxembourgeois pour mener une activité de *Private Equity* se matérialise par sa nature hybride[15]. Aucune autre société européenne ne présente actuellement la particularité d'être dotée d'un statut juridique aussi pragmatique que le sien (**Section I**), lequel est couplé à un régime d'apport protéiforme (**Section II**).

Section I-Un statut juridique pragmatique

06. Conformément aux attentes des acteurs de l'investissement, la commandite spéciale luxembourgeoise est dépourvue seulement en partie de la personnalité juridique (**§1**). Cette société possède un patrimoine propre et distinct de celui de ses associés, lequel est juridiquement discutable en bien des points (**§2**).

§1. L'absence partielle de personnalité juridique

07. L'absence de personnalité juridique de la commandite spéciale ne l'empêche pas d'être une forme sociale pleine et entière (**A**). Certains éléments conduisent nécessairement à la reconnaissance de son existence juridique (**B**).

---

[15] F. CERA, « La Société en Commandite Spéciale, Nouveau véhicule d'investissement luxembourgeoise », Droit & Patrimoine n° 237, Juin 2014, p 20.

A-Une forme sociale pleine et entière

08. L'absence nuancée d'individualité juridique. L'absence de personnalité juridique de la société en commandite spéciale aurait pu soulever bien des interrogations. Mais le législateur luxembourgeois a devancé les observateurs en déclarant que cette nouvelle forme sociale « ne constitue pas une individualité juridique distincte de ses associés »[16]. Dès lors, certaines conséquences juridiques apparaissent à la lecture de la sous-section 2 de la loi luxembourgeoise sur les sociétés commerciales. Cependant, si son absence de personnalité juridique est établie, cela n'empêche pas cette forme sociale de présenter certains attributs d'une commandite simple, laquelle dispose pourtant d'une personnalité juridique propre et distincte de celle de ses associés. Un élément majeur caractéristique de l'absence de personnalité morale de la société en commandite spéciale est l'impossibilité de soumettre celle-ci à une opération de scission ou encore de fusion. Lorsque de telles opérations doivent intervenir, le législateur luxembourgeois déclare que la transformation de la commandite spéciale en une autre forme sociale renvoie à la création d'une « personnalité juridique nouvelle »[17]. Le but du législateur Grand-Ducal est de faire bénéficier cette société d'une souplesse juridique accrue, d'où le terme de « plasticité » utilisé par certains auteurs[18]. Mais elle ne doit pas pour autant être privée des avantages qu'offre la personnalité juridique dont elle n'est pas dotée. La commandite spéciale reste donc soumise au droit commun des entreprises en difficulté sauf lorsqu'elle constitue un organisme de placement collectif (par nature), tout comme son concurrent britannique.

---

[16] LSC., art. 320-1 (2).
[17] LSC., art. 320-9.
[18] F. CERA, *art. préc.*, p 20.

Cette absence de personnalité juridique (en demi-teinte tout de même comme nous le verrons plus loin) propre à cette forme sociale s'avère être attrayante pour les investisseurs. En effet, ceux-ci bénéficient de la transparence fiscale pour leurs investissements internationaux. En l'absence de personnalité juridique, il est improbable qu'une juridiction reconnaisse la commandite spéciale comme une entité imposable, donc dotée de la personnalité fiscale (société opaque). Précisons toutefois que le *partnership* de l'État du Delaware est doté de la personnalité juridique sans pour autant disposer d'une personnalité fiscale distincte de celle de ses associés comme nous le verrons plus loin. C'est également le cas de la société immobilière de copropriété en droit français. Le résultat est identique sur le plan fiscal, mais bien plus lisible et logique sur le plan juridique. Les associés de la commandite spéciale sont donc imposés directement dans leurs États respectifs de résidence fiscale ; cela tant pour les porteurs de parts personnes physiques que pour les personnes morales. Les juridictions luxembourgeoises mettent en œuvre la méthode du faisceau d'indices lorsqu'elles sont amenées à déterminer si une société étrangère peut être qualifiée (ou non) de *partnership* au regard de leur droit interne. Cette méthode consiste à comparer les points communs et les éventuelles différences entre l'entité étrangère et les types de sociétés en vigueur dans leur droit interne[19]. Elle s'appuie notamment sur divers éléments caractéristiques à des personnes morales dont dispose la commandite spéciale. À titre d'indication, précisons que la technique du faisceau d'indices rend la société de libre partenariat (de droit français) fiscalement opaque pour la plupart des situations de fiscalité internationale.

---

[19] M. BLACKETT-ORD, S. HAREN, *op. cit.,* citant Oxnard Financing SA c/ Rahn, 1998, 1 WLR 1465.

B-Des preuves d'existence juridique

09. Malgré l'absence de toute personnalité juridique, la société en commandite spéciale existe juridiquement conformément à l'attente des acteurs du *Private Equity*. Toutefois, cette forme sociale dispose de ses propres preuves d'existence juridique.

La commandite spéciale luxembourgeoise est soumise à des formalités constitutives allégées (**I**) ainsi qu'à des obligations comptables qui le sont tout autant (**II**). Contrevenant à son absence de personnalité juridique, elle est dotée d'une capacité juridique propre (**III**).

I-Formalités constitutives allégées

10. Des formalités d'enregistrement et de publicité moindres. Les associés doivent déposer un extrait du contrat de société[20] au registre du commerce et des sociétés[21]. Il devra contenir impérativement les différentes informations relatives à l'identification et à la représentation de la commandite spéciale[22]. Cet extrait, en

---

[20] Le contrat social est également appelé *partnership agreement* dans les pays anglo-saxons, c'est notamment le cas pour le *private fund limited partnership* britannique.

[21] LSC., art. 100-7.

[22] Plus précisément, l'art. 100-8 LSC précise que l'extrait de l'acte doit contenir « 1) la désignation précise des associés solidaires ; 2) la raison sociale ou dénomination de la société, ainsi que l'indication de son objet et celle du lieu où elle a son siège social ; 3) la désignation des gérants, leur pouvoir de signature (…) ; 4) l'époque où la société doit commencer et celle où elle doit finir. » Si ces conditions ne sont pas remplies, alors l'art. 10 LSC modifié par la loi du 27 mai 2016 déclare que « Toute action intentée par une société dont l'acte constitutif n'a pas été publié au recueil électronique des sociétés et associations conformément aux dispositions du chapitre V *bis* du titre 1er de la loi modifiée du 19 décembre 2002 concernant le registre de commerce et

plus d'être déposé au registre, devra également faire l'objet d'une publication au *Mémorial, recueil des sociétés et associations*[23]. Tout en sachant que la société existe au jour où son acte constitutif est dressé, sans attendre que celui-ci soit publié[24]. Cependant, comme toute commandite simple, la commandite spéciale peut être constituée par acte notarié ou sous signature privée[25]. Cette possibilité est un atout en termes de discrétion pour les investisseurs. L'acte constitutif doit être établi en deux exemplaires sous peine de nullité de la société[26].

Le législateur luxembourgeois a également donné la possibilité d'opter pour une dénomination ou une raison sociale[27] ; cela dans le but de veiller à la protection juridique des tiers avec lesquels la société sera amenée à avoir des relations contractuelles. Il s'agit d'une nouveauté propre au régime de la société en commandite spéciale : jusqu'alors, l'utilisation d'une raison sociale n'était disponible que pour les sociétés de personnes. La dénomination sociale restait propre, quant à elle, aux autres sociétés commerciales disposant de la personnalité morale[28]. Le nom des associés de la commandite spéciale peut rester secret, ce qui en fait un point très attractif au regard de l'activité d'investissement, dans la mesure où les

---

des sociétés ainsi que la compatibilité et les comptes annuels des entreprises, est non recevable. »

[23] LSC., art. 100-10, al. 1er.

[24] Doc. Parl. n° 6471, p. 192 ; v. en ce sens : T. PARTSCH, C. BOYER, « Chapitre VI. La société en commandite simple-constitution et gouvernance », *in* C. BOYER (dir.), *Les commandites en droit luxembourgeois*, *op. cit.*, n° 7.1, p. 152.

[25] LSC., art. 310-1 (7).

[26] LSC. art. 100-18.

[27] LSC., art. 320-1 (2).

[28] Désormais, le législateur du Grand-Duché prévoit qu'une société en commandite simple peut choisir d'être identifiée *via* une dénomination sociale ; Voir : LSC., art. 16 (5).

investisseurs et les gestionnaires souhaitent pouvoir opérer en toute discrétion.

La commandite spéciale est également dotée d'un siège social[29], dérogeant alors aux règles de droit établies par la loi sur les sociétés commerciales luxembourgeoises prévues pour les sociétés dénuées de la personnalité juridique[30]. Le siège social doit correspondre à l'administration centrale de la société en commandite spéciale. En droit luxembourgeois, cela constitue un critère de rattachement des sociétés à la loi[31]. Il ne faut pas non plus oublier l'obligation de publication de l'objet social de la société[32] qui est sévèrement sanctionnée[33].

II-Obligations comptables allégées

11. Des obligations comptables spécifiques et attractives pour l'investissement. Une autre preuve d'existence de la commandite spéciale comme entité juridique propre existe, elle résulte de ses obligations comptables annuelles[34]. Certes, celles-ci sont allégées par rapport à celles d'autres formes sociales, notamment la

---

[29] LSC., art. 320-1 (7).

[30] C'est notamment le cas pour la société en nom collectif de droit luxembourgeois, laquelle se retrouve fortement réduite législativement depuis la réforme intervenue par la loi du 1er août 2016. V. LSC., art. 14.

[31] LSC., art. 320-1 (7) et LSC., art. 1300-2, al. 1er : « Toute société dont l'administration centrale est située au Grand-Duché, est soumise à la loi du Grand-Duché luxembourgeois, bien que l'acte constitutif ait été passé en pays étranger » ; v. en ce sens : loi du 25 août 2006, Mémorial A N° 152, du 31 août 2006 ; P.-H. CORNAC, « Le siège social en droit luxembourgeois des sociétés », Journal des Tribunaux n°1, 5 fév.2009, pp. 3-4 ; V. Trib. arr. Luxembourg, 18 avril 2008, R.G. n° 105744, Jurisnews, vol. 1, n° 12/2008.

[32] LSC., art. 100-8.

[33] LSC., art. 320-1 (8).

[34] C. com. Lux., art. 13.

commandite simple, mais certaines exigences subsistent tout de même. La commandite spéciale n'est tenue qu'aux principes fondamentaux de la comptabilité luxembourgeoise. Ses dirigeants doivent « tenir une comptabilité appropriée à la nature et à l'étendue de ses activités »[35]. Sa comptabilité doit ainsi couvrir l'ensemble des opérations auxquelles la société se livre, ainsi que l'ensemble de ses avoirs, ses droits de toute nature ainsi que de ses dettes, obligations et engagements[36]. Ses dirigeants doivent se plier à l'obligation de tenir une comptabilité en partie double[37]. Les comptes doivent être établis avec clarté et donner une image fidèle de son patrimoine, ainsi que de sa situation financière et de ses résultats[38]. La société en commandite spéciale est dispensée de tenir ses comptes en respectant le plan comptable normalisé[39], même si elle peut décider de s'y référer de manière volontaire. Ceux-ci doivent être tenus à disposition de tout intéressé, et notamment l'administration fiscale. Celle-ci peut en prendre connaissance au siège social[40]. L'obligation d'inventaire annuel est également une preuve de son existence juridique[41].

La société doit uniquement s'en tenir à respecter les obligations comptables précitées puisqu'elle n'est soumise ni aux dispositions de la loi sur les sociétés commerciales, ni aux dispositions de la loi concernant les comptes annuels

---

35 C. com. Lux., art. 9.
36 C. com. Lux., art. 10.
37 C. com. Lux., art. 11.
38 LRCS., art 26 et LSC., art. 1712-1.
39 C. com. Lux., art. 13 : Il s'agit de l'exonération de suivre le Plan Comptable Normalisé (PNC), lequel est régi par le règlement Grand-Ducal du 10 juin 2009.
40 C. com. Lux., art. 12.
41 C. com. Lux., art. 15 : il s'agit du principe d'annualité luxembourgeois.

et les comptes consolidés[42]. De plus, tout comme la commandite simple, elle n'est pas tenue de déposer ses comptes annuels auprès du *recueil des sociétés et des associations*, ni même de les publier tant qu'elle ne réalise pas un chiffre d'affaires égal ou supérieur à 100 000 euros[43]. La désignation d'un commissaire aux comptes n'est pas non plus une exigence, tout comme la tenue de comptes consolidés[44]. Cet ensemble d'obligations allégées va dans le sens des attentes des investisseurs en refinancement d'entreprises en difficulté en termes de discrétion financière.

III-Capacité juridique propre

12. Une capacité d'exercice propre favorisant l'investissement. Prenant à revers les grands principes du droit des sociétés luxembourgeois concernant les sociétés ne disposant pas de la personnalité morale. Le législateur a, de manière très pragmatique et surprenante, doté la société en commandite spéciale de la capacité juridique. Effectivement, celle-ci dispose pleinement d'une capacité de représentation juridictionnelle autonome[45], et se trouve engagée par les actes accomplis en son nom par ses gérants[46].

Pour que soit jugée recevable une action en responsabilité intentée à l'encontre des associés

---

[42] LRCS., art. 25.

[43] L. SCHUMMER, A. STEICHEN, « Chapitre VII. Société en commandite-Réflexion sur certaines obligations comptables », *in* C. BOYER (dir.), *Les commandites en droit luxembourgeois, op. cit.*, p. 176.

[44] *Ibid.*, p. 179.

[45] LSC., art. 320-3, al. 7 : « Les exploits pour ou contre la société en commandite spéciale sont valablement faits au nom de la société en commandite spéciale seule, représentée par l'un de ses gérants ».

[46] LSC., art. 320-3, al. 4.

commandités de la société en commandite spéciale, celle-ci doit être précédée d'une action à l'encontre de la société[47]. Cela démontre parfaitement le caractère hybride de cette société. Ne disposant pas dans les textes et l'esprit du législateur de la personnalité morale, elle peut pourtant poursuivre et être poursuivie comme toute autre société en étant dotée. Cela évite à ses associés de le faire et d'augmenter ainsi leur prise de risque juridique en dévoilant leur identité. Une activité comme le *Private Equity* nécessite une telle discrétion.

13. Des actifs propres malgré l'absence de personnalité juridique. L'absence de personnalité juridique de la commandite spéciale ne l'empêche pas pour autant de disposer d'actifs propres. Cela permet d'inciter à l'investissement du fait de la protection juridique offerte aux associés sur leur patrimoine propre. Or, si l'attrait reste identique, la notion de patrimoine social propre et distinct ne s'appréhende pas de la même façon en droit luxembourgeois.

§2. Une autonomie patrimoniale juridiquement discutable

14. Une des principales particularités de la société en commandite spéciale est qu'elle est dotée d'un patrimoine propre et distinct de celui de ses associés alors qu'elle ne jouit pas de la personnalité juridique.

Le patrimoine de la société en commandite spéciale jouit d'une autonomie juridique incohérente en droit à cause de son absence de personnalité juridique (**A**). En réservant ainsi les actifs détenus au désintéressement exclusif des créanciers sociaux (**B**), le législateur luxembourgeois

[47] LSC., art. 1400-1.

semble s'inspirer en partie (seulement) de la théorie allemande du *Gesamthand* à propos de sa société (**C**).

A-Une autonomie juridique incohérente

15. Une autonomie patrimoniale difficilement qualifiable en droit. Au regard du droit positif français, ou luxembourgeois[48], une société ne possédant pas la personnalité juridique ne peut se voir attribuer aucun bien, ni droit (notamment celui d'ester en justice) et elle ne peut être tenue d'aucun engagement contractuel envers les tiers. Se trouvant dans l'incapacité juridique de contracter, il est impossible à ce type de société d'être alors tenue d'une ou plusieurs obligations envers des créanciers[49]. Cependant, le législateur du Grand-Duché s'est inscrit à rebours d'un tel raisonnement juridique pourtant ancré. La loi du 12 juillet 2013 est venue octroyer l'autonomie patrimoniale à la société en commandite spéciale. Celle-ci est donc une société sans personnalité juridique qui dispose pourtant du pouvoir de contracter et de posséder. Cette particularité permet aux investisseurs en *Private Equity* d'utiliser une entité juridique pleine et entière en réduisant ainsi leur prise de risque. Le législateur luxembourgeois déclare ainsi que « les inscriptions et autres formalités relatives aux biens mis en commun au sein de la société en commandite spéciale ou sur lesquels elle a quelques droits sont faites au nom de la société en commandite spéciale »[50].

Certains auteurs luxembourgeois s'entendent pour qualifier juridiquement le patrimoine de la société en

---

[48] P. DIDIER, Ph. DIDIER, *Droit commercial, t.2 Les sociétés commerciales*, n°42, Economica, 2011 ; A. PRÜM, *Cent ans de droit luxembourgeois des sociétés*, Larcier, 2016, p. 109 et s.

[49] Comme exception à cette logique, v. le régime des apports des sociétés en participation françaises qui, elles aussi, sont dépourvues de personnalité juridique : v. *supra.*, n° 106.

[50] LSC., art. 320-2 (1).

commandite spéciale « d'indivision organisée et voulue »[51] épousant les caractéristiques d'une copropriété « spéciale »[52] d'instruments financiers. Ils s'appuient sur des auteurs belges pour rappeler qu'une société dépossédée de personnalité juridique répond en partie seulement aux règles de l'indivision et se rapproche sur certains points de la copropriété d'instruments financiers. En effet, une indivision exige que toute décision concernant les actifs détenus en indivision soit prise à l'unanimité. Ce n'est pas le cas de la commandite spéciale qui s'en remet à ses statuts pour fixer les règles de *quorum* comme la copropriété le permet. De plus, dans l'indivision, aucun indivisaire ne possède un droit autonome par rapport à ceux de ses co-indivisaires. En revanche, c'est possible dans la copropriété. Les statuts de la commandite spéciale permettent de moduler de manière différente les droits attachés à chaque part. Toutefois, aucun associé ne jouit d'un droit de propriété sur les actifs plus important que ceux de ses coassociés. Par contre, concernant une copropriété d'instruments financiers comme le fonds commun de placement, c'est sa société de gestion qui doit agir en son nom et pour le compte de la copropriété. Il ne peut pas le faire lui-même alors que la commandite spéciale y est autorisée *via* son gérant qui est l'un de ses organes internes agissant au nom et pour le compte de la société. Pour la majorité des auteurs, le patrimoine de la commandite spéciale semble former une indivision originale[53]. Le

---

[51] H. DE PAGE, *Droit civil belge, t.v, Les principaux contrats usuels – Les biens*, Bruylant, éd. 1941, p. 54.

[52] K. PANICHI, L. SCHUMMER, O. GASTON-BRAUD, *« Les sociétés en commandite luxembourgeoises : des véhicules d'investissement »*, *in* A. ELISABETH et al., *Droit bancaire et financier au Luxembourg,* Vol. III, Association luxembourgeoise des juristes de droit bancaire, Larcier, 2014, n° 29, p. 1582.

[53] J. MALHERBE, P. LAMBRECHT, P. MALHERBE, *op. cit.,* n° 600 ; P. DIDIER, Ph. DIDIER, *op. cit.,* n°42.

Conseil d'État du Grand-Duché entretient ce flou juridique[54].

Alors certes, la transparence fiscale dont jouit cette société est attractive pour les acteurs du *Private Equity*, mais elle n'en reste pas moins incompréhensible d'un point de vue juridique. Cette autonomie patrimoniale originale et opportuniste comporte donc un caractère lacunaire puisqu'en cas de contentieux, il sera très difficile de qualifier juridiquement ce patrimoine. En effet, il emprunte certains de ses caractères à l'indivision, mais également à la copropriété d'instruments financiers.

Le flou juridique qu'il entraîne peut s'avérer dangereux pour mener une activité internationale de capital-retournement.

B-Le désintéressement exclusif des créanciers sociaux

16. La sécurisation juridique et financière des associés ainsi que des créanciers. La loi du 12 juillet 2013 permet de limiter les recours intentés par les créanciers de nature personnelle de chaque associé, commandité et commanditaire. Il s'agit là d'une sécurisation juridique et financière des associés et des créanciers de la commandite spéciale. Les textes déclarent que « les biens mis en commun au sein de la société en commandite spéciale répondent exclusivement des droits des créanciers nés à l'occasion de la constitution, du fonctionnement ou de la liquidation de la société. »[55] Conformément à la loi sur les sociétés, la responsabilité des associés de la commandite spéciale ne pourra être recherchée qu'après celle de la société pour des jugements rendus à raison d'engagements

---

[54] Doc. Parl. n° 6471/2, pp. 18 et s.

[55] LSC., art. 320-2 (2).

(non tenus) de cette dernière[56]. La société en commandite spéciale peut dès lors consentir des garanties sur les biens inscrits en son nom[57].

Or, l'absence de personnalité juridique couplée à l'autonomie patrimoniale ne sera pas sans poser certains problèmes de nature pratique dans certaines juridictions étrangères. Ce sera le cas lorsqu'il s'agira de procéder à une inscription de biens au nom de la commandite spéciale conformément à l'article 320-1 (1) de la loi sur les sociétés commerciales[58]. Ce sera notamment le cas concernant l'inscription sur les biens immobiliers au patrimoine de la société, ou encore lors du rachat des titres donnant accès au capital d'une entreprise. Toutefois, si ces problèmes apparaissent lorsque la commandite spéciale se porte acquéreuse d'un bien immobilier en Allemagne, ou bien même des titres donnant accès au capital d'une entreprise, une assimilation à la société *Kommanditgesellschaft* de droit allemand pourra être réclamée. Cette société d'outre-Rhin est dépourvue de personnalité juridique. Toutefois, cela ne l'empêche pas de se voir accorder par les juges la possibilité de voir des biens être inscrits en son nom, cela tant dans le registre hypothécaire que dans celui du commerce et des sociétés.

---

[56] LSC., art. 1400-1.

[57] Doc. Parl. n° 6471, p. 202 et s.

[58] P. SCHLEIMER, « Chapitre I. Réflexions sur le régime patrimonial de la société en commandite spéciale », *in* C. BOYER (dir.), *Les commandites en droit luxembourgeois, op. cit.*, n° 49, p. 29 : En droit allemand, comme le fait remarquer l'auteur, le régime juridique des sociétés de gestion diffère quelque peu de celui de leurs homologues de droit luxembourgeois. En effet, la jurisprudence allemande, soutenue par la doctrine, refuse l'inscription de la société de gestion luxembourgeoise assortie d'une mention reflétant que cette société de gestion contracte en son nom mais pour le compte d'un fonds dont elle est la gestionnaire (un fonds commun de placement). Ainsi, l'inscription des biens immobiliers se fait au nom de la société de gestion de portefeuille sans aucune mention additionnelle.

C-L'inspiration partielle de la théorie du *Gesamthand*

17. L'empreinte de la doctrine allemande pour tenter de justifier l'injustifiable. Dès lors, le législateur ne s'est pas engagé plus profondément quant à l'identité du propriétaire du patrimoine social de la commandite spéciale. Il ne voulait certainement pas alimenter la difficulté juridique dans laquelle il venait de s'engouffrer. La prudence fut de mise, et le législateur préféra s'en tenir à ordonner l'inscription du patrimoine au nom de la société en commandite spéciale[59]. Pour certains auteurs luxembourgeois, cette autonomie du patrimoine de la société alors même qu'elle est dépourvue de personnalité juridique relève d'une révolution[60]. D'après nous, cela relève plutôt de l'incohérence. Selon la doctrine luxembourgeoise, cette attribution d'une autonomie de patrimoine relève « d'une certaine collectivisation du fonds social »[61]. Le Conseil d'État luxembourgeois insiste sur le fait que l'existence du patrimoine de la société en commandite spéciale se justifie par le patrimoine d'affectation en provenance des associés. Il va jusqu'à démontrer son raisonnement face à la récalcitrante

[59] Doc. Parl. n° 6471, p. 203.

[60] D. BOONE, A. TROTSKA, « Le renouveau de la commandite : commandite simple et commandite spéciale », *Jurisnews*, Droit des sociétés, vol. 5 à 7, 2014.

[61] P. SCHLEIMER, « Chapitre I. Réflexions sur le régime patrimonial de la société en commandite spéciale », *in* C. BOYER (dir.), *Les commandites en droit luxembourgeois, op. cit.*, n° 42, pp. 25-26 : l'auteur ajoute à son raisonnement qu'une telle collectivisation « semble a priori exclure une vision suivant laquelle le fonds social devrait être considéré comme simplement composés de biens appartenant pleinement aux associés, mais dont ils auraient accordé la simple jouissance à la société, voire aux autres associés. »

Commission des finances et du budget du Grand-Duché lors des amendements relatifs à l'adoption de la loi du 12 juillet 2013[62], et plus particulièrement concernant l'article 320-2 de la loi sur les sociétés commerciales[63].

Le législateur luxembourgeois suivi en cela par la Haute Corporation[64] s'en remet à la théorie du patrimoine d'affectation développée par la doctrine allemande, connue également sous le nom de la théorie de « la main invisible commune » ou *Gesamthand*[65]. S'inspirant en partie de cette

---

[62] Doc. Parl. n° 6471, p. 3 et s. : « « pour ne prendre qu'un exemple, si cette société (la SCSp) émet un titre de créance en application de l'article 22-1, paragraphe 4, de la loi précitée du 10 août 1915, la question est de savoir qui est le débiteur sous ces titres : est-ce les associés, commanditaires ou commandités ou les deux, qui formeraient une indivision ? Selon le Conseil d'État, il ne doit faire aucun doute que c'est la société en commandite spéciale qui doit, sur la base des biens mis en commun, répondre des dettes qu'elle a contractées »; p. 18 et s. : Le Conseil d'État du Grand-Duché déclare que « l'inscription des biens à son nom est indispensable pour permettre à la société en commandite spéciale, d'être propriétaire des biens qui lui sont apportés ou qu'elle a acquis et de passer les actes juridiques nécessaires à l'accomplissement de son objet social ».

[63] LSC., art. 320-2.

[64] Le Conseil d'Etat du Luxembourg est aussi appelé par les juristes la Haute Corporation.

[65] P. SCHLEIMER, « Chapitre I. Réflexions sur le régime patrimonial de la société en commandite spéciale », *in* C. BOYER (dir.), *Les commandites en droit luxembourgeois, op. cit.*, n° 24, p. 18 : En droit Allemand, la *offene Handelsgesellschaft* (OHG, laquelle correspond à la SNC de droit luxembourgeois), ainsi que la *Kommanditgesellschaft* (KG, laquelle correspond à la SCS de droit luxembourgeois), ne possèdent pas la personnalité juridique, ce qui ne les empêche pas de se voir accorder la possibilité par le législateur allemand de pouvoir jouir d'une certaine capacité juridique. Elles peuvent acquérir des droits et contracter des engagements en leur nom propre. Ces deux formes sociales de droit allemand disposent également du droit d'ester en justice (voir Paragraphe 124 Handelsgesetzbuch (HGB)). Dès lors, ces deux sociétés qui ne sont dotées d'aucune personnalité juridique peuvent tout de même se constituer chacune d'entre elles un patrimoine social, lequel appartient alors à une « main commune » constituée de

théorie, la commandite spéciale luxembourgeoise serait alors dotée d'un patrimoine qui n'appartiendrait pas à ses associés, mais à « la main invisible » représentant la collectivité de ceux-ci. Les associés ne disposeraient donc pas individuellement des actifs figurant dans le patrimoine. Pour cela, il faudrait qu'ils obtiennent l'accord des autres associés, à moins que « l'acte de disposition en question n'empiète pas sur ce bien »[66]. Cette éventualité reviendrait donc à reconnaître que la commandite spéciale est dotée d'un patrimoine affecté en partie par chacun de ses associés. Or, inscrire des actifs au nom d'une société qui ne dispose pas de la personnalité juridique mais seulement d'un patrimoine affecté soulève de nombreuses interrogations juridiques. Cela va à l'encontre du principe qu'un patrimoine affecté n'entraîne pas la création d'une personne morale nouvelle. Les actifs détenus en patrimoine affecté doivent dès lors être inscrits au nom des associés étant à l'origine de l'affectation. Mais si la commandite spéciale n'est pas dotée d'une personnalité juridique distincte de celle de ses associés, il n'empêche que les inscriptions d'actifs se font par son gérant et au nom propre de la société et d'aucune façon au nom de la collectivité des associés ayant affecté une partie de leur patrimoine. Il y a donc là une sérieuse contradiction avec un patrimoine d'affectation.

---

l'ensemble des associés, « dont l'accès est réservé aux créanciers qui ont contracté avec ce patrimoine ». Il s'agit d'un type de patrimoine affecté par chacun de leurs associés dont la définition s'écarte de celle connue en droit français. Pour des développements juridiques relatifs à la théorie de la main invisible, v. notamment : F. ZENATI, « Mise en perspective et perspectives de la théorie du patrimoine », RTD civ., 2003, p.667.

[66] P. SCHLEIMER, « Chapitre I. Réflexions sur le régime patrimonial de la société en commandite spéciale », *in* C. BOYER (dir.), *Les commandites en droit luxembourgeois, op. cit.,* n° 26, p. 19.

Selon nous, si la théorie allemande du *Gesamthand* est juridiquement fondée, l'application hasardeuse qu'en fait le droit luxembourgeois montre ses faiblesses. Celle-ci revient à nier l'absence de personnalité juridique d'une société pour lui en attribuer une en demi-teinte uniquement lorsque cela arrange la pratique de l'investissement. Le droit luxembourgeois est incohérent car il biaise la théorie allemande du patrimoine d'affectation. Un non-dit de la part des textes luxembourgeois au sujet de la qualification du patrimoine de la commandite spéciale qui servirait à affirmer la présence d'une *Gesamthand* luxembourgeoise serait plus qu'audacieux[67]. La seule motivation des auteurs et du droit luxembourgeois est de tenter de justifier une autonomie patrimoniale injustifiable et incompréhensible au regard du régime patrimonial attribué à la commandite spéciale. Le raisonnement luxembourgeois pousse à considérer que la frontière juridique entre une société dénuée de personnalité juridique et une société en étant dotée n'a donc plus lieu d'être puisque seule compte désormais la satisfaction des investisseurs…

18. Des apports de différentes natures pour une organisation interne efficiente. Faisant écho à la nature *sui generis* de la commandite spéciale, les apports des associés peuvent se réaliser sous différentes formes, allant même jusqu'à autoriser ceux en industrie. Cette forme sociale présente actuellement le plus grand intérêt juridique pour constituer un fonds de *Private Equity*.

Section II-Le régime pratique d'apport protéiforme

19. La nature hybride de la société en commandite spéciale permet son utilisation massive par les acteurs mondiaux du *Private Equity*. Or, la liberté accordée aux

[67] *Ibid.*, n° 44, p. 27.

modalités d'apport apparaît comme un atout incontournable (**§1**). Celles-ci permettent d'émettre une diversité de parts au sein d'une même forme sociale (**§2**) afin de procéder à une vaste levée de fonds.

§1. La liberté totale d'apport

20. La liberté totale d'apport permet à une société de pouvoir combiner une levée de capital financier et de capital humain pour s'entourer de techniciens hautement qualifiés dont la présence est nécessaire à la conduite d'une activité de haut niveau. Cette liberté se matérialise par la possibilité contractuelle de procéder à trois types d'apports (**A**) ainsi qu'à une libre valorisation de ceux-ci (**B**).

A-L'autorisation des trois types d'apports

21. Une nature et une structuration des apports dédiées à l'investissement. Comme le droit français, le droit des sociétés luxembourgeois admet trois types d'apports. Il s'agit de l'apport en numéraire, de l'apport en nature et enfin de l'apport en industrie[68]. Conscient de son incohérence juridique, le législateur luxembourgeois évite de mentionner l'absence de personnalité morale de la société en commandite spéciale en ne faisant jamais référence à son capital social. En effet, la loi du 12 juillet 2013 insiste sur « la mise déterminée constitutive de parts d'intérêts »[69] et sur « les apports des associés »[70], permettant ainsi une structuration empreinte d'une grande liberté contractuelle[71]. Il est alors rendu possible une

---

[68] LSC., art. 320-1 (3).
[69] LSC., art. 320-1 (1).
[70] LSC., art. 320-1 (3).
[71] Doc. Parl. n° 6471, p. 203 : « Les intérêts d'un associé dans la société (la SCSp) seront représentés par des parts d'intérêts, subdivision de

représentation des parts d'intérêts par des titres financiers[72]. Si la représentation des parts d'intérêts n'est pas légalement tenue de l'être par des titres financiers, ce mode ne doit pas pour autant être exclu. Les titres permettent à leurs bénéficiaires de les céder, de les gager ou encore de les démembrer, cela dans le respect du contrat de société[73]. Ce dernier régit là encore les modalités d'émission des titres, « laissées à la libre discrétion des associés »[74], tout comme les modalités autorisant le gérant ou les associés à opérer

---

l'ensemble des mises en fonds. Ces parts d'intérêts peuvent être représentées par des titres pour faciliter l'organisation des prises de participation dans la société, notamment en cas de cession ou de nantissement d'une telle participation, tout en laissant l'opportunité de recourir aux comptes d'associés ».

[72] Pour une définition des titres financiers en droit luxembourgeois : Sont des titres ceux « reçus en dépôt ou tenus en compte par un dépositaire et qui sont ou sont déclarés fongibles, qu'ils soient matérialisés ou dématérialisés, au porteur, à ordre ou nominatifs, luxembourgeois ou étrangers et quelle que soit la forme sous laquelle ils ont été émis selon le droit qui les régit. » Loi du 1er août 2001 concernant la circulation de titres et d'autres instruments fongibles ; O. POELMANS, *Droit des obligations au Luxembourg. Principes généraux et examen de jurisprudence,* coll. Journal des tribunaux Luxembourg, Larcier 2013, n° 374 et s. ; P. MOUSEL, F. FAYOT, *La circulation des titres, Droit bancaire et financier du Grand-Duché de Luxembourg*, 3 ème éd., Larcier-ALJB, 2004, n° 39-49, p. 1356 ; J. VAN RYN, J. HEENEN, *Principes du droit commercial*, t.3, Bruylant, n° 79 et s. : La doctrine classique Belge, campant sur une position identique au droit luxembourgeois, définit le titre comme étant « tout support documentaire ou scriptural dans lequel est incorporé un ou plusieurs droits contre un émetteur » ; F. CERA, « La société en commandite spéciale, nouveau véhicule d'investissement luxembourgeois », *art. préc.*, p. 22.

[73] LSC., art. 320-7, al. 1er : « Les parts d'intérêts d'associés commanditaires (et pour les commandités) ne peuvent, à peine de nullité, être cédées, démembrées ou mises en gage qu'en conformité avec les modalités et dans les formes prévues par le contrat social. »

[74] Doc. Parl. n° 6471, p. 195.

une réduction ou un rachat des parts d'intérêts[75]. Le non-respect des dispositions du contrat de société relatives au démembrement, à la cession ou au gage des parts d'intérêts se traduira par la nullité des actes contrevenants conclus[76].

À l'instar du droit français, le droit du Grand-Duché refuse en principe de prendre en compte l'apport en industrie dans la formation du capital des sociétés[77]. Cependant, concernant la commandite spéciale, une exception est portée à ce principe. L'apport en industrie reçoit un traitement juridique similaire à celui des apports en nature et en numéraire. Il peut donc concourir au capital social si les statuts en décident ainsi[78]. Il en va de même pour la société en participation de droit français, même si celle-ci est dénuée de capital social en raison de son absence de personnalité juridique[79]. De plus, cette absence de distinction entre les différents apports conduit la loi du 12 juillet 2013 à affirmer que celui en industrie peut être réalisé

---

[75] LSC., art. 320-7, al. 4.

[76] LSC., art. 320-7, al. 1er et 2 : Les dispositions du contrat de société prédominent quant à l'organisation des parts d'intérêts et de leur régime en découlant, mais des règles supplétives sont tout de même prévues selon que les associés sont de nature commanditaire ou commanditée.

[77] P. SCHLEIMER, « Chapitre I. Réflexions sur le régime patrimonial de la société en commandite spéciale », *in* C. BOYER (dir.), *Les commandites en droit luxembourgeois, op. cit.,* n° 24, p. 18 ; Il faut préciser que si les apports en industrie ne concourent pas à la formation du capital social de la société, ils procurent toutefois à l'apporteur une rémunération sous forme de titres financiers ou encore de droits particuliers, notamment les parts bénéficiaires ; A. STEICHEN, *Précis de droit fiscal de l'entreprise*, coll. Les cours de l'Université de Luxembourg, 4e éd, Bruylant, 2013.

[78] LSC., art. 320-1 (3) : « Les apports des associés à la société en commandite spéciale peuvent prendre la forme d'apports en numéraire, en nature ou en industrie. La réalisation des apports, en ce compris l'admission de nouveaux associés, en dehors du cas d'une cession d'intérêts, se fait selon les conditions et formalités prévues au contrat social ».

[79] P. LE CANNU, B. DONDERO, *op. cit.,* n° 1456, p. 920.

par tout type d'associé de la commandite spéciale[80]. De cette manière, lorsque cette dernière mènera une activité de *Private Equity*, elle pourra rémunérer différents techniciens *via* des parts bénéficiaires attachées aux apports en industrie. Ces personnes étant appelées à donner leur avis ou à intervenir, notamment, dans le cadre de la mise en place des restructurations, ou de l'acquisition des sociétés cibles défaillantes (ou non).

De plus, un autre moyen de mettre des fonds à disposition de la société en vue de la réalisation d'un projet d'investissement, il s'agit des avances en comptes courants d'associés. L'associé commandité ou commanditaire, qui recourt à ce procédé peut ainsi limiter sa prise de risque financière en procédant à un apport sous forme de libération de parts accompagnée d'une avance en compte courant d'associé[81]. Ce dernier s'assimilant non pas à une participation mais à un prêt consenti à la société comme nous allons le développer plus loin[82]. Par ailleurs, aucune structuration des apports n'est réclamée, pas plus qu'une libération minimale au jour de la constitution de la commandite spéciale. Cette singularité favorise la conduite d'une stratégie de retournement grâce à des règles souples encadrant la levée de fonds.

B-La libre valorisation des apports

22. Une libre valorisation des parts synonyme de souplesse accrue. Aucune valeur nominale n'est imposée par la loi Grand-Ducale du 12 août 2013 aux parts d'intérêts constituées sous forme de titres[83]. La décision d'émission

---

[80] LSC., art. 320-1 (3).

[81] C. DURO, *La société en poche Luxembourg 2016-2017*, Wolters Kluwer, 2016, n° 2.3, p. 340.

[82] V. *Infra.*, n° 418.

[83] Draft. LRO., art. 2 (4) (c).

des parts d'intérêts peut légalement être confiée au gérant de la société en commandite spéciale, tout comme aux associés de celle-ci[84]. Or, il faut s'interroger sur le désintéressement des créanciers de la société en l'absence de personnalité morale et donc de capital social. Par manque de précision de la part du législateur sur ce point, les apports des associés semblent y être destinés en cas d'action envers la commandite spéciale. En termes de valorisation des apports, la loi du Grand-Duché permet aux associés de cette dernière d'éviter tout recours à un réviseur d'entreprises (lequel correspond à un commissaire aux apports en droit français)[85]. La valorisation des apports en nature ou en industrie est confiée par le législateur au contrat social[86]. Cependant, afin d'éviter au gérant de voir sa responsabilité mise en jeu pour une évaluation inexacte des apports précités par les associés, celui-ci sera libre de recourir à un réviseur d'entreprises externe à la société en commandite spéciale[87]. En matière de rémunération des apports, c'est le contrat social qui en déterminera le ratio de calcul.

Cette souplesse contractuelle dont dispose la société en commandite spéciale favorise l'investissement à risque. La libre valorisation des parts d'intérêts constituées sous forme de titres financiers permet de procéder à une cession des titres détenus au prix décidé collectivement par les associés. Ceci permet donc à la fois d'attirer l'investissement au sein de la société et aux investisseurs en *Private Equity* de rentrer à coup sûr dans leurs frais lors de la cession de leurs titres. Cependant, il faut bien l'avouer, cette libre

[84] Draft. LRO., art. 2 (4) (c).

[85] Le réviseur prévu en droit luxembourgeois est le nom attribué à l'expert évaluateur de droit français.

[86] LSC., art. 320-1 (3).

[87] D. BOONE, A. TROTSKA, « Le renouveau de la commandite : commandite simple et commandite spéciale », 3ème partie, Jurisnews, Droit des sociétés, vol. 6, 1-2/2013.

valorisation n'est pas rassurante pour les cessionnaires. Ceux-ci peuvent être trompés sur la valeur de leurs parts par les cédants. Il leur revient alors de prendre conseil auprès d'un expert évaluateur afin de procéder à une évaluation précise des parts avant leur cession.

23. La contrepartie des apports. La liberté d'apport octroyée aux porteurs de parts de la société en commandite spéciale se concrétise par une totale liberté accordée à la nature des parts émises. Cette diversité séduit les acteurs du *Private Equity* puisque cette liberté contractuelle leur permet de régir efficacement les rapports entre leurs investisseurs.

§2. La diversité de parts émises

24. Le législateur luxembourgeois dote son droit des sociétés d'armes juridiques propres à attirer l'investissement en *Private Equity* en permettant à son *partnership* d'émettre une diversité de parts (**A**). Cette dernière issue de la souplesse contractuelle favorise la mise en place de parts dont la finalité diffère (**B**).

A-Une nature diverse

25. Une nature diverse de parts pour une rémunération optimale. Les associés commanditaires de la commandite spéciale luxembourgeoise possèdent des parts d'intérêts, lesquelles sont représentées ou non, par des titres négociables pouvant être cotés[88]. Toutefois, ces titres ne peuvent en aucune façon faire l'objet d'une offre publique comme doit l'imposer le contrat social. Ainsi, les parts d'intérêts peuvent être émises sous forme de titres, ou autres.

[88] LSC., art. 320-1 (1).

Des parts de *carried interest* peuvent aussi être présentes à l'instar de la société de libre partenariat[89]. Les associés déterminent librement la nature des parts émises ainsi que les droits qui y sont attachés. Ces derniers doivent être proportionnels au montant de chaque apport réalisé. Comme nous avons eu l'occasion de le voir, les parts d'intérêts qui ne sont pas structurées sous forme de titres, peuvent se voir représentées par des comptes d'associés. Sont alors attachés à ces derniers « des droits contractuellement régis par le contrat de société, rapprochant ainsi la commandite spéciale du *partnership* »[90].

En pratique, le fait d'émettre librement des parts de natures diverses permet de régir contractuellement les rapports politiques et financiers entre les associés/investisseurs de la commandite spéciale.

B-Une finalité diverse

26. L'émission de parts destinées à la rémunération de l'équipe dirigeante. En accordant la possibilité à la société en commandite spéciale d'émettre des parts de natures diverses, la loi luxembourgeoise permet de rémunérer ses investisseurs par différents biais. Cela se montre propice à l'investissement en *Private Equity*[91]. Ces possibilités permettent aux techniciens du capital-investissement de se rémunérer grâce à des parts spécifiques de *carried interest*.

Les parts de *carried interest* sont destinées à récompenser les gestionnaires personnes physiques. Ceux-

---

[89] F. CERA, *art. préc.,* p 24.
[90] F. CERA, *art. préc.,* p. 24.
[91] R. FEYDEL, *Le refinancement d'entreprises en difficulté – L'optimisation juridique du concept de capital-retournement*, Logiques juridiques-Thèses, L'Harmattan Paris 2021.

ci sont dans la plupart des cas salariés d'une société de gestion de portefeuille (agréée ou non par la Commission de surveillance du secteur financier) au regard de l'activité de gestion qu'ils exercent vis-à-vis d'un ou plusieurs fonds. Si le fonds ne réalise aucune plus-value, aucun intéressement ne sera reversé, permettant aux associés de donner confiance à des investisseurs quant à leurs chances de réussite[92]. Il faut préciser que lorsque le fonds n'atteint pas les objectifs de plus-values fixés par une clause du mandat de gestion, les gestionnaires sont privés de leurs parts de *carried interest* puisque sont privilégiées les distributions aux porteurs de parts d'intérêts dits « classiques ».

La loi Grand-Ducale du 12 juillet 2013[93] définit le *carried interest* comme étant « l'intéressement aux plus-values touché par des personnes physiques, salariées de gestionnaires de fonds alternatifs ou de sociétés de gestion de portefeuille, sur la base du droit d'intéressement, (à l'exclusion du produit de la plus-value résultant de la réalisation de leurs parts, actions ou droits représentatifs d'un placement financier émis par un fonds alternatif) donnant lieu à des droits différents sur l'actif net ou les

---

[92] V. en ce sens : P. MISCHO, « Chapitre II. La mise en place d'un fonds de *private equity* sous forme de société en commandite : aspects fiscaux », *in* C. BOYER (dir.), *Les commandites en droit luxembourgeois, op. cit.*, p. 53, citant l'exposé des motifs du Projet de loi n° 6471, p. 8 à propos de l'activité des gestionnaires de FIA : « ils inventent et mettent sur pied des produits financiers dans lesquels ils participent également en tant qu'investisseurs. Pour cette part de leur « input » ils reçoivent un intéressement aux plus-values si le produit s'avère performant. Par contre, si l'investissement n'est pas couronné de succès, ils ne touchent rien et risquent de perdre leur mise. Cette partie de leur mission diffère ainsi fondamentalement de l'autre partie de leur mission de gestion qui elle est rémunérée par un salaire classique ».

[93] Loi du 12 juillet 2013, *préc.*, art. 208, 2° modifiant l'art. 99*bis* LIR.

produits de ce fonds »[94]. Cette définition est quasi identique à celle retenue dans la loi britannique[95]. Dès lors, le législateur qualifie les parts de *carried interest* des gestionnaires comme étant des dividendes de nature préférentielle attachés aux parts détenues par celui-ci[96]. Si le législateur se montre maladroit quant à « l'intéressement aux plus-values » censé définir le *carried interest*, il précise toutefois dans cette même loi que cet intéressement doit être analysé comme un revenu extraordinaire sous certaines conditions. Cela permet au *carried interest* d'échapper à l'emprise de l'impôt sur les bénéfices issu de la spéculation financière[97] et de se voir soumis à un taux d'imposition préférentiel pour les gestionnaires personnes physiques.

Ainsi, la mise en place de parts dédiées à la rémunération des gestionnaires de fonds d'investissement alternatifs permet de récompenser les acteurs au regard de leurs prestations délivrées. Possibilité également offerte à une holding constituée en commandite spéciale menant une stratégie d'investissement en *Private Equity*.

27. La libre volonté des associés comme fondement du droit luxembourgeois. La société en commandite spéciale, forme sociale concurrente de la société de libre partenariat est régie par son contrat social. Son organisation ainsi que les sanctions des comportements contractuels fautifs sont contenues dans cet accord empreint d'une puissante liberté contractuelle. Cette spécificité favorise l'investissement en *Private Equity*.

---

[94] *Ibid.*

[95] Pour une définition précise de la notion de part de *carried interest*, se reporter à : ITA. 2007., Part. 3, Ch. 5E.

[96] V. en ce sens : F. CERA, *art. préc.*, p. 27.

[97] LIR., art. 99*bis* al. 1, (1).

- Chapitre II -

La prédominance du contrat social limitant la prise de risque

28. Conformément aux exigences de l'investissement en *Private Equity*, la liberté contractuelle se trouve ainsi au cœur de l'organisation de la société en commandite spéciale. Elle restreint au maximum l'application des règles d'ordre public au profit d'une contractualisation du fonctionnement de cette forme sociale (**Section I**). Les sanctions répondent également de la liberté contractuelle et favorisent tout autant la pratique de l'investissement à risque (**Section II**).

Section I-La contractualisation du fonctionnement

29. Le législateur luxembourgeois confie l'organisation du pouvoir de direction de la commandite spéciale à la liberté contractuelle, tout en permettant aux associés commanditaires de jouer un rôle actif dans la gérance (**§1**). Les droits sociaux vont eux aussi être régis de manière flexible favorisant la pratique, car soumis là encore à la volonté contractuelle des associés (**§2**).

§1. La participation des commanditaires à la gérance

30. Permettant aux investisseurs en *Private Equity* de jouer en interne un rôle actif non exhaustif dans la mise en œuvre de la stratégie d'investissement (**C**), un écrit est exigé pour fixer un cadre juridique et sécurisant à leur action (**A**). Cela est rendu nécessaire pour marquer une différence complémentaire entre gestion et gérance (**B**).

A-L'exigence sécurisante d'un écrit

31. Un accord écrit des associés comme encadrement du rôle des commanditaires. Le législateur luxembourgeois exige comme pour toute autre société en commandite simple que le contrat social soit établi par écrit[98]. De telles règles écrites permettent de fixer les pouvoirs reconnus aux associés dès leur entrée dans la société en tant qu'associés commanditaires. Cela évite aux acteurs du *Private Equity* de devoir composer avec des investisseurs qui gêneraient la mise en œuvre de la stratégie d'investissement. L'accord écrit permet d'encadrer strictement le rôle de chacun et d'y faire adhérer chaque associé.

B-La différence complémentaire entre gérance et gestion

32. Une différenciation bienfaisante pour la stratégie d'investissement. La commandite spéciale dispose d'associés commanditaires dont la responsabilité est limitée à leurs apports respectifs[99], ainsi que d'associés commandités dont la leur est illimitée. Ces derniers répondent indéfiniment et solidairement des dettes de la société. La société en commandite spéciale présente la

---

[98] T. PARTSH, C. BOYER, « Chapitre VI. La société en commandite simple-constitution et gouvernance », *in* C. BOYER (dir.), *Les commandites en droit luxembourgeois, op. cit.,* p. 139 ; Doc. Parl. n° 6471, p. 195.

[99] Dans les *limited partnerships* de droit britannique, les commanditaires luxembourgeois correspondent aux *limited partners* (LPs), alors que les associés commandités correspondent quant à eux aux *general partners* (GPs). L'étendue des responsabilités ne varie pas d'un droit à l'autre. Les LPs répondent d'une responsabilité limitée à leurs apports respectifs, et les GPs répondent quant à eux d'une responsabilité illimitée.

particularité par rapport à la société en commandite simple de pouvoir être gérée par un ou plusieurs gérants. Ceux-ci présentent la qualité d'associés commandités ou commanditaires. Le contrat social régit les modalités de nomination[100], et doit préciser que le ou les gérants disposent des pleins pouvoirs afin d'engager la société envers les tiers. Aucune limitation des pouvoirs du gérant ne peut se voir opposer aux tiers de la société[101]. Dès lors, le gérant qui ne sera pas un associé commandité verra sa responsabilité calquée sur celle d'un administrateur de société anonyme de droit luxembourgeois[102].

Le législateur du Grand-Duché maximise le rôle du « contrat social » puisqu'il permet à celui-ci d'octroyer certains pouvoirs au gérant, alors même que ceux-ci relèvent, dans une société en commandite simple, de la compétence exclusive des associés[103]. Le contrat social permet également au gérant de la commandite spéciale de déléguer, s'il le souhaite, tout ou partie de ses pouvoirs *via* un ou plusieurs mandats de délégation de gestion[104]. Cela peut être fait envers une société de gestion de portefeuille agrée ou non[105]. En effet, le contrat social peut prévoir la

---

[100] LSC., art. 320-3.

[101] LSC., art. 320-4, al. 4.

[102] LSC., art. 441-9 ; v. en ce sens : F. CERA, *art. préc.,* p. 23.

[103] LSC., art. 320-6.

[104] Doc. Parl. n° 6471, p. 197 ; J. MALHERBE, P. LAMBRECHT, P. MALHERBE, *op. cit.,* n° 931.

[105] Les sociétés de gestion de portefeuille luxembourgeoises, qui travaillent par mandat de gestion collective doivent être agréées si elles dépassent les seuils de gestion imposés par la directive dite « AIFM ». La loi du 12 juillet 2013 est venue transposer cette directive au Grand-Duché, tout comme elle est venue en même temps instaurer la SCSp. Au Luxembourg, c'est la *Commission de Surveillance du Secteur Financier* (CSSF) qui est chargée d'assurer la surveillance des professionnels et des produits du secteur financier luxembourgeois, et ainsi donc de délivrer leur agrément aux sociétés de gestion qui répondent aux critères réclamés.

nomination d'un gérant, et également la délégation de la gestion de la société à un tiers. Dans pareille situation, le gérant garde son pouvoir de représentation de la société, et peut se voir attribuer certaines missions d'ordre administrative ou managériale en accord avec le gestionnaire. Ceci étant, la loi précise que la qualité de gérant de la société de gestion lui sera confiée par décision des associés ou par les statuts.

D'autres dispositions confirment la qualification de la société en commandite spéciale « d'ovni juridique »[106]. Le législateur accorde la possibilité de cumuler le statut d'associé commandité avec celui de commanditaire[107], à condition d'une interdiction totale pour l'associé commanditaire de réaliser « un acte de gestion envers des tiers »[108]. Si cette interdiction est bafouée, alors le commanditaire auteur de l'acte de gestion verra sa responsabilité engagée sous le même régime que celle de l'associé commandité[109]. Par conséquent, le gérant de la société peut également être son gestionnaire. Mais lorsque les statuts n'en portent pas précision, le gérant est celui qui représente la société tandis que son gestionnaire est celui qui gère les actifs de l'entreprise.

Cette spécificité permet aux acteurs du *Private Equity* de pouvoir se concentrer uniquement sur la stratégie d'investissement propre aux sociétés détenues en portefeuille sans avoir à se préoccuper de la gestion administrative du fonds constitué sous forme de commandite spéciale.

---

[106] P. SCHLEIMER, « Chapitre I. Réflexions sur le régime patrimonial de la société en commandite spéciale », *in* C. BOYER (dir.), *Les commandites en droit luxembourgeois, op. cit.,*n°1, p. 9.

[107] LSC., art. 320-1 (5).

[108] LSC., art. 320-4, al. 2.

[109] LSC., art. 320-4, al. 3 et 4.

C-Le rôle actif non exhaustif

33. Des actes internes non exhaustifs autorisés légalement aux associés commanditaires. En permettant aux associés commanditaires d'accomplir certains actes non exhaustifs de gestion interne, les textes favorisent l'arrivée de membres au sein de la société. Ils peuvent jouer un rôle actif dans l'activité financière de l'entreprise sans pour autant se voir qualifier de gérants de fait.

Le législateur luxembourgeois s'est soucié des conditions de mise en œuvre de la responsabilité de l'associé commanditaire lorsque celui-ci réalise un acte interne à la société pouvant être qualifié d'acte de gestion. Aussi, la loi sur les sociétés commerciales établit une liste non exhaustive d'actes que les associés commanditaires peuvent effectuer sans pour autant « encourir une responsabilité indéfinie et solidaire à l'égard les tiers »[110]. Les actes figurant dans cette liste légale doivent être incorporés dans les statuts sociaux afin d'être autorisés par la collectivité des associés. Ainsi, ces derniers trouvent leurs pouvoirs dans la loi et les statuts, évitant ainsi tout conflit avec l'associé commandité. Le gérant de la société en commandite spéciale peut alors exercer sa mission sans crainte de voir les associés commandités s'immiscer indûment dans la gestion de la société. Mais il doit tout de même prendre en compte leur avis. Les associés commanditaires disposent de pouvoirs plus étendus que dans une société en commandite simple[111]. C'est l'un des attraits utiles pour les investisseurs en *Private Equity* comme nous le détaillerons plus loin.

Par ces prérogatives importantes, l'associé commanditaire peut donner son avis et se tenir informé des investissements réalisés par l'équipe de gestion, sans avoir

---

[110] LSC., art. 320-4, al. 5.
[111] Doc. Parl. n° 6471, p. 198.

besoin d'attendre l'assemblée générale. De telles possibilités favorisent la confiance des investisseurs en la stratégie financière puisqu'ils ne sont plus uniquement spectateurs de celle-ci mais également acteurs.

34. La contrepartie efficiente à la diversité de parts émises. Les apports des associés de la société en commandite spéciale sont indispensables à la mise en œuvre de l'activité d'investissement définie par les associés. Or, au regard des risques encourus par une telle activité, une organisation juridique spécifique doit permettre de sécuriser son déroulement. Le contrat social luxembourgeois répond favorablement à ces attentes *via* la modularité des droits sociaux.

§2. La flexibilité pratique d'organisation des droits sociaux

35. Comme le permet la société de libre partenariat, la flexibilité d'organisation de la commandite spéciale autorise ses statuts à régir les droits politiques des deux catégories d'associés (**A**). Il en va de même pour les droits pécuniaires de ces derniers (**B**).

A-Des droits politiques malléables

36. Le caractère malléable des droits politiques se matérialise par la possibilité de prévoir statutairement un droit d'information dangereusement aménageable à la différence de la société de libre partenariat (**I**). Cette flexibilité statutaire se retrouve dans la possibilité de tempérer le droit de vote (**II**) ainsi que de prévoir un semi-droit de retrait (**III**) comme dans la société de libre partenariat.

I-Un droit d'information dangereusement aménageable

37. Un droit d'information statutaire. Le droit à l'information des associés de la société en commandite spéciale est régi par son contrat social, et cela de manière exclusive[112]. L'accès aux informations se fait par consultation du registre prévu à cet effet, que tout associé peut consulter, sous réserve des limitations prévues par les statuts[113]. La liberté contractuelle régit donc le droit à l'information des associés, ce qui n'est pas sans soulever certaines difficultés[114]. Or, si la société en commandite spéciale est utilisée comme fonds réglementé, alors ce droit à l'information échappera à la loi du contrat social, et répondra d'un texte spécial conformément à la directive dite « AIFM »[115].

Le caractère contractuel du droit d'information permet ainsi une certaine discrétion financière de la société en commandite spéciale. Mais il est également synonyme de dangerosité pour les associés commanditaires, lesquels seront alors peu informés de l'état financier des investissements.

---

[112] LSC., art. 320-6, al. 3.

[113] LSC., art. 320-1 (6).

[114] Effectivement, à trop vouloir laisser l'organisation de la SCSp à la liberté contractuelle de ses associés, le risque grandissant avec une telle disposition ouvrant la possibilité d'une restriction du droit à l'information est que trop de liberté contractuelle ne vienne au contraire limiter les prérogatives des associés, pourtant reconnues en droit positif.

[115] Ce sera le cas lorsque les associés de la SCSp décideront de l'utiliser comme un fonds d'investissement spécialisé (FIS) ou comme société d'investissement en capital risque (SICAR) ; v. en ce sens : F. CERA, *art. préc.*, p 20.

II-Un droit de vote tempéré

38. Un droit de vote de nature semi-contractuelle. En termes de droits de vote, le contrat social prime encore sur les règles de majorité du droit des sociétés. Seule exception : les décisions relatives à « toute modification de l'objet social, ainsi que le changement de nationalité, la transformation ou la liquidation doivent être décidés par les associés. »[116] Rappelons ici que le principe voulant que les droits de vote soient proportionnels aux parts d'intérêts détenues par chaque associé ne possède qu'un caractère supplétif aux dispositions du contrat social[117]. Les statuts de la société en commandite spéciale dictent également « parmi les autres décisions celles qui ne sont pas prises par les associés. »[118] Le contrat social détermine aussi les formes et conditions dans le respect desquelles les décisions qui reviennent aux associés doivent être prises[119].

Sur ce dernier point, il ressort des travaux parlementaires préparatoires à l'adoption de la loi du 12 juillet 2013, que la tenue des assemblées générales d'associés ainsi que la prise de décision de ceux-ci peuvent être réalisées par « téléconférence »[120]. Cela exige tout de même que chaque vote fasse l'objet d'un écrit[121]. Une telle liberté est principalement destinée aux investisseurs internationaux évoluant sur le secteur du *Private Equity*. Effectivement, l'instauration de la société en commandite spéciale par le législateur luxembourgeois a pour but avoué d'attirer au Grand-Duché les capitaux du monde entier. En permettant des assemblées d'associés par téléconférence, cela ne

---

[116] LSC., art. 320-6, al. 2.
[117] LSC., art. 320-6, al. 1er.
[118] LSC., art. 320-6, al. 1er.
[119] LSC., art. 320-6, al. 1er.
[120] Doc. Parl. n° 6471, p. 174 ; F. CERA, *art. préc.*, p. 23.
[121] LSC., art. 320-6, al. 2 (a).

manque pas d'interpeller les investisseurs étrangers, ceux-ci n'ayant plus besoin de se déplacer pour exercer leur droit de vote. Par ailleurs, une autre disposition législative destinée à séduire les capitaux permet à chaque part d'intérêt de se voir attribuer un droit de vote multiple, réduit ou d'être même privée de tout droit de vote[122].

En pratique, de telles mesures favorisent un compromis entre les exigences propres aux associés et celles émanant des impératifs stratégiques lors d'une activité d'investissement à haut risque.

39. Des règles semi-contractuelles de *quorum* et de majorité. Il y a un autre attrait de la société en commandite spéciale qui séduit les acteurs du *Private Equity*. Il s'agit des règles de quorum et de majorité. Celles-ci touchent indirectement au droit de vote des associés. Afin de simplifier la gérance de la commandite spéciale, le législateur luxembourgeois attribue une compétence exclusive à ses statuts pour fixer les règles de *quorum* et de majorité[123]. Seules les décisions relatives à la modification de l'objet social, au changement de nationalité, ainsi qu'à la transformation ou à la liquidation de la société doivent être décidées par l'ensemble des associés[124].

Cette flexibilité juridique permet aux associés de prévenir toute situation de blocage qui pourrait porter atteinte au déroulé de la stratégie d'investissement en *Private Equity*. En fixant des règles minimales à respecter concernant la vie de la société, une sécurité juridique est assurée aux associés.

---

[122] LSC., art. 320-6, al. 1er ; Doc. Parl. n° 6471, p. 200.
[123] LSC., art. 320-6, al. 2.
[124] LSC., art. 320-6, al. 2.

III-Un semi-droit de retrait

40. Un droit de retrait partiel et inédit. Les associés de la commandite spéciale bénéficient d'un droit de retrait. Celui-ci est également régi par le contrat social. En effet, les textes disposent que « le contrat social peut autoriser la gérance ou les associés à racheter, en tout ou en partie, le cas échéant sur demande d'un ou plusieurs associés, les intérêts d'un ou plusieurs associés dans la société et peut en définir les modalités »[125].

En pratique, ce droit est régi par le contrat social de cette société et il s'en trouve strictement encadré pour ne pas ainsi dire réduit. En effet, le but d'un fonds de *Private Equity* est de pouvoir disposer d'apports afin de mener à terme sa stratégie d'investissement. Ainsi, le contrat social impose une durée minimum de détention des parts aux associés pouvant aller de 8 à 10 ans selon les cas. Les participations ouvrent droit à l'exercice de droits politiques en faveur des associés mais également à une responsabilité financière de ceux-ci en cas de passif de la société[126]. Face à ces obligations, les associés se voient récompensés de leurs efforts par l'exercice de leurs droits pécuniaires.

B-Des droits pécuniaires malléables

41. La détermination contractuelle de la contrepartie financière aux apports. En termes de droits pécuniaires des associés de la société en commandite spéciale, le législateur confère là encore compétence au contrat social. En effet, ce dernier va régir les distributions et remboursements aux associés, ainsi que les conditions dans lesquelles la société en commandite spéciale peut

---

[125] LSC., art. 320-7, al. 4.

[126] A. MAVRIKAKIS, H. WATSON, C. MORRIS, N. HANCOCK, *op. cit.*, n° 15.1 à 15.4, pp. 275-276.

demander la restitution des distributions réalisées[127]. Toutefois, si le contrat social reste muet sur ces points, alors chaque associé verra ses droits pécuniaires (bénéfices ou pertes) attribués à hauteur des parts d'intérêts qu'il détient dans la société[128]. Le législateur a rapproché le régime de distribution des parts de la société en commandite spéciale à celui du fonds d'investissement spécialisé. Il permet au contrat social d'attribuer la compétence à l'assemblée générale des actionnaires ou au gérant, voire même aux deux à la fois, lorsqu'il s'agira de décider de réaliser une distribution[129]. Il en va de même pour la réclamation d'un remboursement des sommes distribuées aux associés[130]. Si la modulation des droits financiers entre associés de la commandite spéciale ainsi que l'attribution inégale que cela implique sont légalement autorisées, cela doit se faire sous couvert du respect de l'interdiction des clauses léonines prévue en droit luxembourgeois[131].

Cette modularité permet aux acteurs du *Private Equity* de récompenser chaque investisseur au regard de l'aide personnelle apportée à la mise en œuvre de la stratégie d'investissement, cela en plus de sa contribution pécuniaire. En effet, les associés commanditaires accomplissant des actes internes comme la *white list* les y autorise peuvent ainsi bénéficier de droits pécuniaires plus importants que

---

127 LSC., art. 320-5, al. 1er.

128 LSC., art. 320-5, al. 2.

129 Doc. Parl. n° 6471, p. 199.

130 *Ibid.*

131 C. civ., Lux., art. 1855, lequel dispose que sont interdites en droit luxembourgeois toutes « clauses qui par un déséquilibre trop marqué dans la contribution aux pertes et la participation aux bénéfices, porteraient atteinte à l'*affectio societatis* nécessaire à l'existence de la société, et plus particulièrement au *jus fraternisais* qui commande une relative égalité entre associés ». Le droit civil luxembourgeois présente une similitude de plus envers le droit civil français en matière de clauses léonines.

les autres. Il est également possible de rémunérer les apporteurs en industrie de manière moindre que les autres associés, ce qui permet de favoriser la mise en place d'une stratégie de retournement efficiente.

42. Une souplesse strictement encadrée pour une sécurité accrue. Si l'organisation de la société en commandite spéciale est régie en grande partie par le contrat social, il en est de même concernant ses sanctions. Ainsi, la flexibilité contractuelle qui règne au sein de cette forme sociale est surveillée efficacement par des sanctions décidées par les associés eux-mêmes, favorisant alors l'investissement.

Section II-La contractualisation pratique des sanctions

43. La liberté contractuelle permet aux acteurs du *Private Equity* de prévoir les sanctions qu'ils encourent en cas de manquement aux règles du contrat social de la commandite spéciale. Elles se concrétisent dans la privation pratique tant des droits sociaux (**§1**) que du statut d'associé lui-même (**§2**).

§1. La privation contractuelle des droits sociaux

44. La privation pratique des droits sociaux comme sanction contractuelle est un avantage indéniable pour mener à bien une stratégie d'investissement en *Private Equity*. L'associé récalcitrant sera ainsi privé momentanément de vote (**A**) et de droits pécuniaires (**B**). La mise en œuvre de la stratégie financière n'en sera que plus sécurisée.

A-La privation contractuelle du droit de vote

45. Une sécurisation identique de la stratégie de refinancement. La liberté contractuelle permet au contrat social de prévoir comme sanction des engagements contractuels des associés la modulation de leur droit de vote. En effet, la suspension, ou la suppression du droit de vote ou de participation à certaines décisions collégiales d'associés peut être prévue au contrat social[132]. Un cas de suspension de droit de vote existe déjà en droit luxembourgeois pour la société anonyme[133]. Cela trouve à s'appliquer notamment lorsqu'un associé commanditaire ne libère pas les fonds prévus conformément à l'appel des associés commandités[134]. Comme un *partnership agreement* de droit anglo-saxon, le contrat social peut disposer d'une graduation des sanctions. Il est alors tenu d'en prévoir l'élément déclencheur et le déroulement de la procédure de sanction[135].

En déterminant contractuellement les sanctions visant à priver momentanément les associés de leur droit de vote, cela permet de mieux fédérer les investisseurs entre eux et de favoriser ainsi une conduite stratégique sereine.

B-La privation contractuelle des droits pécuniaires

46. Une privation identique du droit à recevoir distribution. Si le législateur luxembourgeois a voulu s'inspirer de la plasticité juridique du *limited partnership*

---

[132] K. PANICHI, « Chapitre III. Les commandites : la liberté contractuelle et les mécanismes de sanctions », *in* C. BOYER (dir.), *Les commandites en droit luxembourgeois, op. cit.*, n° 40, p. 71.

[133] LSC., art. 450-1 (7).

[134] K. PANICHI, « Chapitre III. Les commandites : la liberté contractuelle et les mécanismes de sanctions », *in* C. BOYER (dir.), *Les commandites en droit luxembourgeois, op. cit.*, n° 37, p. 71.

[135] *Ibid.*, n° 36-37.

britannique, il n'en a pas voulu pour autant permettre la privation abusive d'un associé de ses droits aux bénéfices[136]. Après avoir manifesté une certaine réserve concernant le projet de loi[137], le Conseil d'État du Grand-Duché a fini par reconnaître la validité d'une clause pénale statutaire. Celle-ci consiste à priver de sa part de bénéfice un associé de la société en commandite spéciale[138]. Mais pour cela, cette privation ne doit pas être totale et indéfinie au risque d'être qualifiée de clause léonine[139]. Or, la jurisprudence valide pleinement, et ce depuis longtemps, toute clause pénale insérée au contrat social d'une société de personnes privant un des associés de sa part de bénéfice dès lors qu'il n'a pas respecté ses engagements contractuels[140].

Les mêmes remarques formulées au sujet de l'effet de la privation du droit de vote trouvent à s'appliquer ici.

47. Une liberté de sanctions grandissante pour une entente interne certaine. La liberté contractuelle permet

---

[136] Doc. Parl. n° 6471, p. 199.

[137] Doc. Parl. n° 6471, p. 199 : le Conseil d'Etat luxembourgeois refusait l'entrée en vigueur de l'alinéa 2 de l'article 19 de la LSC, déclarant que cet article allait inviter les associés de la SCSp à insérer des clauses léonines dans le contrat social, ce qui ne pouvait qu'être contraire au principe d'ordre public dont l'article 1855 du Code civil est le garant.

[138] Doc. Parl. n° 6471, *Avis du Conseil d'Etat*, p. 11 : « le contrat social (de la SCSp) pourra prévoir différentes clauses de parts d'intérêts (…) et d'autre part, qu'un associé peut être privé de sa part dans les bénéfices sociaux à titre de clause pénale ».

[139] K. PANICHI, « Chapitre III. Les commandites : la liberté contractuelle et les mécanismes de sanctions », *in* C. BOYER (dir.), *Les commandites en droit luxembourgeois, op. cit.*, n° 18-21, p. 68.

[140] LSC., art. 320-6, al. 1er ; V. en ce sens : K. PANICHI, « Chapitre III. Les commandites : la liberté contractuelle et les mécanismes de sanctions », *in* C. BOYER (dir.), *Les commandites en droit luxembourgeois, op. cit.*, n° 49, p. 73, citant Cass. Lux. req., 16 juillet 1858, *DP* 1859, I, p. 39.

aux associés de moduler l'organisation de la société en commandite spéciale selon leur bon vouloir par le biais du contrat social. Bien entendu, les règles d'ordre public doivent être respectées, mais cela reste un atout juridique incontournable aux yeux des acteurs du *Private Equity*. Les clauses utilisées sont sensiblement de même nature en droit luxembourgeois et français. Les sanctions du non-respect de l'organisation par un des associés répondent aussi de la liberté contractuelle.

§2. La privation contractuelle du statut d'associé

48. En permettant aux acteurs du *Private Equity* de priver l'investisseur de son statut d'associé, cela favorise la fidélité de celui-ci à ses engagements financiers. La sanction contractuelle du départ contraint (**A**) ainsi que celle de la responsabilité requalifiée (**B**) contribuent à sécuriser la stratégie d'investissement.

A-Le départ contraint

49. Les clauses d'exclusion et de cession forcée[141]. Les clauses statutaires d'exclusion et de cession forcée sont désormais reconnues par le droit des sociétés

[141] La clause de cession forcée ou clause « put » est contenue dans le pacte d'actionnaires. Elle permet pour son bénéficiaire, d'obliger les autres associés signataires du pacte, à lui racheter sa participation. La clause d'exclusion est également prévue au pacte d'actionnaires. Celle-ci permet d'exclure un associé signataire du pacte en cas de manquement contractuel constaté au sein de la société. D'un point de vue juridique, la clause d'exclusion s'assimile à une clause de rachat forcée ou encore d'exclusion. Elles présentent un régime souvent très proche. Pour cela, nous les avons regroupées sous un même paragraphe. Pour une définition jurisprudentielle française de la clause de cession forcée, v. : CA Paris P. 5, ch. 8, 28 févr. 2012, n° 10/16807.

luxembourgeois[142]. Ce ne fut pas toujours le cas, contrairement au droit français[143] et surtout britannique. Ce dernier les a très tôt reconnues valides dans le cadre de différentes formes de *partnerships*[144]. La doctrine Belge les admet également[145]. Le législateur du Grand-Duché laisse encore à la liberté contractuelle le soin d'en organiser les modalités juridiques[146]. Le contrat social permet au gérant de la commandite spéciale, ainsi qu'aux associés commanditaires, de remédier à la défaillance d'un des associés commanditaires, sans pour autant se faire

---

[142] LSC., art. 310-6.

[143] K. PANICHI, « Chapitre III. Les commandites : la liberté contractuelle et les mécanismes de sanctions », *in* C. BOYER (dir.), *Les commandites en droit luxembourgeois, op. cit.,* n° 52, p. 74 citant Cass. com., 20 mars 2012, n° 11-10.855, F-P+B, M. c/ Sté Finamag, Jurisdata, n° 2012-004961, *Dr. Sociétés,* 2012, comm. 77, note H. HOUASSE : La jurisprudence française affirme par cet arrêt la validité des clauses d'exclusion des associés se trouvant au sein du contrat social de la société, mais soulignant tout de même la nécessité d'assurer un débat contradictoire entre l'organe compétent et l'associé défaillant passible de la sanction d'exclusion. Dès lors, le contrat social d'une société française doit prévoir impérativement le mécanisme d'exclusion ainsi que son encadrement juridique.

[144] *Ibid.,* n° 56 : « Les contrats de *partnerships* anglo-saxons prévoient des causes de *forfeiture* (ou confiscation) des intérêts des investisseurs permettant au GP, le cas échéant à sa seule discrétion, de faire racheter par le *partnership* les parts d'intérêts de l'investisseur en défaut. Le rachat pourra être le fait soit des autres investisseurs soit du *partnership* lui-même et pourra conduire donc en pratique à l'exclusion de l'investisseur récalcitrant » ; v. en ce sens : M. BLACKETT-ORD, S. HAREN, *op. cit.,* p. 107, 2011 citant Watson c/ Haggitt, 1928, AC 127 ; Drake c/ Harvey, 2010, EWHC 1446 (Ch.).

[145] K. PANICHI, « Chapitre III. Les commandites : la liberté contractuelle et les mécanismes de sanctions », *in* C. BOYER (dir.), *Les commandites en droit luxembourgeois, op. cit.,* n° 62, p. 76, citant T. TILQUIN, V. SIMONART, Traité des Sociétés, pp. 225 et s.

[146] LSC., art. 320-7, al. 4.

surprendre[147]. La liberté contractuelle accordée aux clauses d'exclusion en droit des sociétés luxembourgeois et britannique va exiger du contrat social que celui-ci définisse en détail les modalités de sortie de l'associé n'ayant pas rempli ses obligations contractuelles. Ainsi devront être précisés par les statuts de la commandite spéciale et plus particulièrement par la clause d'exclusion : « l'obligation d'énoncer les motifs de la mise en œuvre de la clause, la procédure d'exclusion, ainsi que l'organe compétent au sein de la commandite qui prononcera l'exclusion définitive de l'associé » [148]. Il devra être fait de même concernant « la procédure impérative d'exclusion qui devra respecter le principe du contradictoire afin d'éviter tout conflit avec la loi française, le nom et les coordonnées du ou des associés défaillants, la possibilité de contester l'exclusion prononcée sera offerte, ou non, à l'associé exclu, et enfin la méthode d'évaluation du prix de rachat des parts d'intérêts faisant l'objet de la cession forcée »[149].

Le prix de cession devant être fixé par le contrat social, il ne sera pas nécessairement celui du marché au jour de la cession. Là encore, le législateur du Grand-Duché laisse libre choix aux associés. Aucune disposition ne contredit cette liberté[150]. Une méthode de calcul devra être prévue par le contrat social, prenant en compte les éventuelles négociations en cours entre l'associé commanditaire avec

[147] Doc. Parl. n° 6471, p. 176 ; v. en ce sens : A. MAVRIKAKIS, H. WATSON, C. MORRIS, N. HANCOCK, *op. cit.,* n° 14.14 et 14.15, p. 272.

[148] K. PANICHI, « Chapitre III. Les commandites : la liberté contractuelle et les mécanismes de sanctions », *in* C. BOYER (dir.), *Les commandites en droit luxembourgeois, op. cit.,* n° 61, p. 76.

[149] *Ibid.*

[150] *Ibid.*

un investisseur potentiel[151]. Il s'agira ainsi plus d'une clause pénale envers l'associé commanditaire défaillant pour avoir manqué à ses obligations qu'un réel prix de cession[152]. Toutefois, si le porteur de parts défaillant n'était pas en situation d'imposer un prix de cession, ce dernier ne pourrait en aucun cas être vil[153]. Si tel était le cas, alors la cession forcée serait frappée de nullité. Il s'agit ainsi de dissuader toute légèreté des associés en termes de respect du contrat social. Le contrat de société ne devra pas omettre de stipuler l'exclusion de la révocabilité de la promesse de cession[154], sinon le caractère sanctionnateur de la clause de cession forcée perdrait toute sa force de dissuasion. Le législateur précise que l'opposabilité de la cession forcée aux tiers ainsi qu'à la société elle-même se fait « qu'après avoir été notifiée à la société ou acceptée par elle »[155].

En pratique, les investisseurs en *Private Equity* sont très fortement attirés par la possibilité d'insérer légalement de telles clauses. Cette activité ne peut, pour ainsi dire, pas se passer de telles causes statutaires. À défaut, la stratégie d'investissement serait sérieusement contrariée en cas de défaillance contractuelle d'un associé commanditaire. Par conséquent, la clause de cession forcée ou d'exclusion est incontournable dans le milieu des affaires, et particulièrement dans les opérations financières à risque.

---

[151] L'investisseur potentiel pourra aussi bien être un tiers à la SCSp, qu'un associé commanditaire déjà présent et voulant augmenter sa participation dans la société.

[152] F. CERA, *art. préc.*, p. 24, citant O. POELMANS, *op. cit.*, n° 136.

[153] K. PANICHI, « Chapitre III. Les commandites : la liberté contractuelle et les mécanismes de sanctions », *in* C. BOYER (dir.), *Les commandites en droit luxembourgeois, op. cit.*, n° 53, p. 74.

[154] F. CERA, *art. préc.*, p. 24, citant Ph. BEAUREGARD, Ph. BRUNSWICK, A. POTTIER, M.-H. BRISSOT, « Clauses de good/bad leaver, Comment assurer leur pleine efficacité ? », Actes prat. ing. sociétaires, n° 127 ; v. en ce sens : A. MAVRIKAKIS, H. WATSON, C. MORRIS, N. HANCOCK, *op. cit.*, n° 14.14 et 14.15, p. 272.

[155] LSC., art. 320-7, al. 4.

B-La responsabilité requalifiée

50. La privation temporaire de la responsabilité limitée comme dissuasion contractuelle commune. Lorsqu'un associé commanditaire s'ingère dans la gestion de la commandite spéciale[156], il perd sa responsabilité limitée dans l'entreprise. Celle-ci devient illimitée et l'associé doit donc répondre des dettes du fonds sur son patrimoine personnel[157]. Du fait de la responsabilité subsidiaire des associés, les créanciers se retournent d'abord contre le fonds avant de s'en remettre aux associés de celui-ci. De plus, la sanction de la perte de responsabilité limitée reste temporaire, calquée sur la durée de l'ingérence du *limited partner* en question dans la gestion du fonds. Autre atténuation, lorsque l'associé commanditaire est une société créée à cet effet[158], ses propres associés optent pour une forme sociale leur permettant de bénéficier d'une responsabilité limitée à leurs apports. En conséquence, en ayant recours à de faibles apports et à un capital social peu élevé, l'éventuelle sanction de la responsabilité illimitée est contournée, ou du moins maîtrisée, cela même si de telles sanctions sont permises par le contrat social[159].

Ici encore, il s'agit d'une clause indispensable dans l'exercice du *Private Equity* mais qui, comme nous venons de le préciser, peut être atténuée par le biais de montages. Elle ne sert donc qu'envers des associés personnes physiques et démontre alors en pratique sa pleine utilité.

---

[156] Doc. Parl. n° 6471, pp. 6-7;
[157] G. MORSE, *op. cit.,* n° 9.01 p. 299.
[158] LPA. 1907., s. 4 (4).
[159] K. PANICHI, « Chapitre III. Les commandites : la liberté contractuelle et les mécanismes de sanctions », *in* C. BOYER (dir.), *Les commandites en droit luxembourgeois, op. cit.,* n° 9, p. 65.

51. La clause d'indemnisation expresse. Ceci étant, si l'ingérence précitée d'un associé commanditaire dans la gestion de la société cause un dommage aux autres associés ou au fonds lui-même, alors ils peuvent prétendre à un dédommagement proportionnel au préjudice subi[160]. Il en ira de même lorsqu'un associé commandité abuse de son pouvoir[161] et prend des mesures contrevenant au contrat social et causant la perte de sa responsabilité limitée à un ou plusieurs associés commanditaires. Il en ira de même lorsque le contrat social contiendra une clause léonine[162]. Dans ce cas précis, tout associé traité de manière non équitable peut à son tour réclamer une indemnité pour le préjudice subi, laquelle pourra faire l'objet d'une prévision dans le contrat social[163]. Précisons qu'une clause d'indemnisation expresse est dans la plupart du temps prévue contractuellement afin de prévenir d'une telle situation[164].

En pratique, c'est cela permet aux acteurs du *Private Equity* de rassurer l'ensemble des investisseurs associés quant au fait de ne pas voir leurs risques financiers augmenter suite au comportement d'un seul d'entre eux.

52. Un régime juridique attractif trouvant écho dans une fiscalité efficiente. Le législateur du Grand-Duché a fait de la société en commandite spéciale une structure incontournable dédiée au *Private Equity.* Son régime juridique très souple couplé à un régime fiscal des plus attractifs en Europe et dans le monde font de cette forme sociale un performant levier d'optimisation fiscale.

---

160 PA. 1890., s 24 (2).

161 G. MORSE, *op. cit.,* n° 5.24, p. 184.

162 M. BLACKETT-ORD, S. HAREN, *op. cit.,* n° 12.33, p. 244 ; A. MAVRIKAKIS, H. WATSON, C. MORRIS, N. HANCOCK, *op. cit.,* n° 14.16, p. 272.

163 *Ibid.* ; *Ibid.*

164 *Ibid.* ; *Ibid.*

- Seconde partie -

La société en commandite spéciale, levier d'optimisation fiscale en *Private Equity*

53. Le droit fiscal luxembourgeois est l'un des plus attractifs d'Europe et figurent parmi ceux les plus courus au monde pour les activités d'investissement en *private equity*. Cela est dû notamment à l'avantageux régime de la société de participation financière luxembourgeoise (*soparfi*)[165]. Ce dernier exploite efficacement la directive européenne dite « mère-filiale »[166].

Dès lors, cet ouvrage tend à démontrer l'attractivité fiscale supérieure de la société en commandite spéciale luxembourgeoise dans la pratique de l'investissement en *Private Equity*. Elle est pour cela dotée d'un régime de transparence fiscale récompensant la prise de risque financière (**Chapitre I**), lequel trouve une complémentarité attractive dans le régime fiscal adopté par ses associés personnes morales (**Chapitre II**).

---

[165] Précisons qu'une SCSp peut également être utilisée comme *soparfi* sous condition que ses associés soient des sociétés de capitaux du fait de son absence de personnalité morale. Dans pareil cas, la SCSp constituée sous forme de *soparfi* sera qualifiée de FIA par la CSSF puisqu'elle répondra parfaitement de la définition d'un tel fonds. Ceci étant, lorsque comme dans notre cas la *soparfi* est constituée directement par une société de capitaux comme une Sarl de droit luxembourgeois, si elle dispose à son tour de plusieurs associés, notamment des personnes morales, alors la qualification de FIA vaudra également. On pourra alors qualifier la *soparfi* (société mère) de fonds nourricier et la SCSp de fonds maître au regard de la pratique du *private equity*.

[166] Directive 2011/96/UE du Conseil du 30 novembre 2011 concernant le régime fiscal commun applicable aux sociétés mères et filiales d'États membres différents, modifiée par la directive (UE) n° 2015/121 du Conseil du 27 janvier 2015.

- Chapitre I -

Le régime de transparence fiscale récompensant la prise de risque

54. Favorisant la pratique de l'investissement, la transparence fiscale de la commandite spéciale lui permet d'échapper à toute imposition propre. Rappelons ici que la transparence fiscale d'une société se définit comme étant l'absence de personnalité fiscale distincte de celle de ses associés. Ces derniers sont donc directement assujettis à l'impôt en lieu et place de la société pour les revenus issus de l'activité de cette dernière. Chacun est alors imposé au regard de la quote-part de revenu qu'il a perçu.

Afin de nous placer dans un contexte d'investissement, nos propos se concentrent uniquement sur des associés constitués en personnes morales de droit privé.

Dès lors, certaines conditions juridiques, plus ou moins incitatives, permettant la transparence fiscale sont posées par le législateur grand-ducal (**Section I**), entraînant ainsi des effets fiscaux attractifs (**Section II**).

Section I-Des conditions juridiques incitatives

55. Afin que la société en commandite spéciale puisse bénéficier d'un régime de pure transparence fiscale conformément aux exigences du capital-investissement (afin de créer un levier fiscal significatif), elle doit répondre favorablement à plusieurs conditions cumulatives. La société doit respecter la condition contraignante d'une détention maximale de parts par chaque associé commandité (**§1**) ; condition soumise à la méthode d'analyse complexe du faisceau d'indices (**§2**). Cette dernière doit, uniquement dans certains cas, aboutir à une présomption réfragable de non commercialité (**§3**).

§1. La détention contraignante des parts de commandités

56. Une théorie de l'empreinte commerciale insécurisante. La théorie de l'empreinte commerciale si chère au droit des sociétés luxembourgeois est une transposition de la doctrine allemande *Geprägetheotrie*[167]. Elle est encore utilisée par les magistrats afin de déterminer si la nature de l'activité d'une société résidente au Luxembourg est de nature commerciale, ou non. Elle fut consacrée législativement avec l'ancien régime de la société en commandite simple. Est considérée comme exerçant une activité commerciale la commandite spéciale dont l'un de ses associés commandités est une société de capitaux luxembourgeoise qui détient au moins 5 % des parts d'intérêts[168]. Ainsi, la loi fiscale n'entend pas abandonner la théorie de l'empreinte commerciale mais au contraire la placer au cœur de son dispositif de transparence fiscale accordée à la société en commandite spéciale[169].

Le projet de loi relatif à l'instauration de la commandite spéciale ainsi qu'à la réforme du régime de la commandite simple a donné lieu à des commentaires de la part des

---

[167] D'après la doctrine allemande, la théorie de la commercialité est destinée à faciliter la qualification du revenu des sociétés de personnes, ainsi qu'à garantir la perception de l'impôt commercial communal (ICC) ; v. en ce sens : P. MISCHO, « Chap. II. La mise en place d'un fonds de *private equity* sous forme de société en commandite : aspects fiscaux » *in* C. BOYER (dir.), *Les commandites en droit luxembourgeois, op. cit.*, n° 1.2.1, p. 37.
[168] LIR., art. 14 (4).
[169] LIR., art. 14 (4).

parlementaires[170]. Ceux-ci ont alors tenu à préciser que, si les textes prévoient que tout apport au sein de la commandite spéciale donne lieu à l'attribution de parts d'intérêts proportionnelles représentées ou non par des titres, il est également possible pour la société de se financer en ayant recours aux avances en comptes courants d'associés. Le contrat social pourra prévoir librement le recours cumulatif aux deux systèmes. Ce double mode de financement est très utilisé par les *limited partnerships* anglo-saxons. L'utilisation d'un tel mécanisme par les associés, en plus de leurs parts d'intérêts, leur permet de se faire distribuer de manière souple, une partie des bénéfices réalisés par la commandite spéciale. Or, le pourcentage détenu en compte d'associé par le commandité au regard de l'ensemble des comptes de la commandite spéciale pourrait évoluer dans le temps[171]. L'administration le prenant en considération au même titre que des parts d'intérêts[172], le seuil des 5 % imposé par le législateur sera très vite dépassé par une commandite spéciale constituant un fonds d'investissement.

Par conséquent, cette théorie de l'empreinte commerciale nous semble peu sûre, d'autant plus qu'elle s'appuie à son tour sur une autre théorie de droit allemand. Étant appelée à évoluer, cette théorie est une contrainte supplémentaire à prendre en compte pour les investisseurs.

---

[170] V. en ce sens : J. SCHAFFNER, *Droit fiscal international, Regards sur le droit luxembourgeois*, 3ème éd., Larcier Promoculture, 2014, p. 899, n° 647 citant G. SCARDONI, S. BARANGER, « Modernization of the Luxembourg partnership : Luxembourg's complétion of its arsenal of investment vehicles », European Taxation, December 2012.

[171] P. MISCHO, « Chapitre II. La mise en place d'un fonds de private equity sous forme de société en commandite : aspects fiscaux », *in* C. BOYER (dir.), Les commandites en droit luxembourgeois, *op. cit.*,pp. 39 et s.

[172] *Ibid.*

Le droit luxembourgeois est de ce fait peu sécurisant pour mener une activité financière à haut risque.

§2. La méthode complexe du faisceau d'indices

57. La méthode de vérification dite « du faisceau d'indices ». Concernant la nature commerciale réelle du fonds d'investissement constitué sous forme de commandite spéciale, la méthode d'évaluation des critères paraît là encore assez complexe et peu sécurisante pour une activité financière à haut risque. La jurisprudence, tout comme les lois d'ailleurs, manquait de clarté et laissait planer le doute face à une analyse complexe[173].

Désormais, l'Administration luxembourgeoise s'appuie sur l'analyse de la jurisprudence allemande afin de mieux délimiter le régime fiscal de la commandite spéciale. Des décisions ont été rendues concernant la gestion d'actifs immobiliers. Mais l'administration luxembourgeoise précise que celles-ci s'appliquent également à des actifs de nature mobilière et notamment aux titres donnant accès au capital d'entreprises en difficulté. Dès lors, la Cour administrative fédérale allemande est venue déclarer qu'au regard de « la multiplicité des cas de figure pouvant se présenter, une analyse valable ne saurait se limiter à appliquer de manière purement schématique des critères tenant à un espace de temps prédéfini, tel que le délai de cinq ans normalement retenu par les juridictions allemandes, ni par rapport à un nombre de réalisations par année prédéfini comme étant limitatif (...). En matière d'administration d'un patrimoine privé, il doit dès lors être permis de réaliser certains éléments, notamment parce qu'ils ne font plus partie de l'orientation essentielle de la gestion en termes de fructification du patrimoine, du moment que cette réalisation revêt toujours un élément

---

[173] *Ibid.*

accessoire par rapport à la substance du patrimoine conservée (...). Ainsi, l'administration d'un patrimoine immobilier privé n'exclut pas qu'il puisse y avoir des mutations multiples (...) pour autant que celles-ci soient comprises notamment dans le but de la simplification de la gestion du patrimoine privé ou dans l'augmentation de revenus nets de location »[174].

Par conséquent, à l'instar de ce que précise la Cour administrative fédérale allemande, l'analyse de la commercialité réelle d'un fonds d'investissement doit s'opérer concrètement. C'est à dire en prenant en compte les spécificités de chaque cas, et plus particulièrement en fonction de la politique d'investissement définie préalablement par les dirigeants et les associés de la société en commandite spéciale. Cela revient à instaurer une grande insécurité juridique qui n'est pas très encourageante pour mener une activité d'investissement en *Private Equity*.

Cette méthode complexe du faisceau d'indices ajoute encore de la contrainte à une activité qui en comporte déjà beaucoup.

§3. Une présomption réfragable de non-commercialité

58. L'exigence légale d'absence de toute commercialité réelle. C'est le raisonnement complexe du faisceau d'indices qui a poussé l'administration fiscale luxembourgeoise à réagir. À cet effet, elle est venue déclarer que tout fonds d'investissement alternatif constitué sous forme de société en commandite spéciale (ou simple) est désormais réputé mener uniquement une activité d'investissement[175]. L'administration du Grand-Duché argumente que « la non-commercialité automatique se

---

[174] C. admi. all., 13 mai 2014, n° 33835C, n° 33836C et n° 33837C.

[175] Circulaire du directeur des contributions LIR, n° 14/4 du 9 janvier 2015, art. 4.

justifie dans ce cas par le fait que la société doit avoir une politique d'investissement conforme à la loi et aux lignes directrices émises par la *European Securities and Markets Authority* »[176]. La même précision est apportée concernant les commandites spéciales étant des fonds alternatifs établis à l'étranger, lesquels se voient eux aussi privés de toute qualification de commercialité de leur activité[177]. En conséquence, l'administration fiscale luxembourgeoise confirme l'absence de commercialité quant à l'activité de la commandite spéciale évoluant comme fonds d'investissement sur le marché du *Private Equity*. Elle fait de tout fonds alternatif résident constitué sous forme de commandite spéciale un véhicule d'investissement fiscalement transparent.

Cependant, la méthode du faisceau d'indices demeure pour déterminer la commercialité (ou non) d'une commandite spéciale constituant une holding de droit luxembourgeois qu'est la société de participation financière (*soparfi*). C'est un sérieux problème puisque de nombreux fonds d'investissement trouvent en ce régime juridique et fiscal le moyen d'optimiser leurs investissements à risque comme nous le verrons plus loin. Une situation d'instabilité juridique demeure donc pour tout fonds de capital-

---

176 D'après l'ESMA (voir document du 13 août 2013, ESMA/2013/611), l'une des caractéristiques d'un organisme de placement collectif au sens de la directive 2011/61/UE est justement de ne pas avoir un objet principal de nature commerciale ou industrielle. V. en ce sens : Circulaire du directeur des contributions, LIR, *précit.*, art. n° 4. Par ailleurs, l'ESMA est également connue sous le nom d'*Autorité Européenne des Marchés Financiers* (AEMF).

177 Circulaire du directeur des contributions, LIR, *précit.*, art. n° 5, lequel dispose que « conformément à l'article 214 de la loi du 12 juillet 2013, « sont exempts de l'impôt sur le revenu des collectivités, de l'impôt commercial et de l'impôt sur la fortune les FIA établis en dehors du territoire du Luxembourg lorsqu'ils ont leur centre de gestion effective ou leur administration centrale sur le territoire du Luxembourg ».

investissement qui revêt le régime de *soparfi.* Par ailleurs, lorsqu'il s'agira d'analyser la transparence fiscale d'une société étrangère, les juges luxembourgeois compareront le régime de l'entité de droit étranger avec celui du Grand-Duché comme le fait la jurisprudence allemande[178].

Certains pays comme le Royaume-Uni préfèrent établir des listes récapitulant les sociétés fiscalement opaques et celles fiscalement transparentes[179]. La doctrine française distingue elle aussi les sociétés transparentes fiscalement de celles opaques[180]. Sur ce point, le droit luxembourgeois présente encore certaines faiblesses puisqu'il tente encore de se rapprocher du droit allemand, sans pour autant présenter les mêmes gages de sécurité juridique.

59. Une fiscalité inexistante idéale pour capter l'investissement à risque. La transparence fiscale des sociétés de personnes étrangères concurrentes de la société de libre partenariat permet à leurs associés d'être imposables directement sans subir une double imposition. Il en va ainsi au niveau du fonds d'investissement et au

---

178 V. en ce sens : J. SCHAFFNER, *op. cit.,* p. 902, n° 649 citant pour le régime de l'analyse allemande du degrés de transparence ou d'opacité des société étrangères : D. WASSERMAYER, MA. Art. 7, n° 77 ; Jh. AVERY JONES, « Characterisation of other states' partnerships for income tax », Bulletin for International and Fiscal Documentation, July 2002, p. 288.

179 Tax News Services, 17 juillet 2006, p. 326.

180 J. SCHAFFNER, *op. cit.,* p. 902, n° 649 citant : D. AFFEJEE, E. DION, « La nouvelle vision française des partnerships », Bulletin Fiscal, sept. 2009, p. 268 ; Ph. DEROULIN, « La transparence fiscale des sociétés de personnes ou faut-il dissuader les étrangers à participer à de sociétés de personnes françaises ? », Dr. Fisc. 1997, n° 50, p. 1443 et n° 51, p. 1484 ; B. GOUTHIERE, « L'imposition des associés non-résidents des sociétés de personnes », *Bull. Fisc.*, 8-9 sept. 1997, pp. 565, n° 31340 et s. ; O. POPA, « Partnership taxation - is France a missing pièce of the OECD puzzle ? », European Taxation, April 2012, p. 182.

niveau de leur propre société. Certains effets fiscaux attractifs propres à la commandite spéciale luxembourgeoise contrebalancent la prise de risque financière.

Section II-Des effets fiscaux attractifs

60. Les effets issus de l'absence de personnalité juridique et fiscale de la commandite spéciale sont ceux que connaissent toutes les sociétés reconnues comme fiscalement transparentes. Ils se traduisent alors par l'absence de fiscalité directe (**§1**) mais également par l'absence de toute fiscalité indirecte (**§2**) propre à la société.

§1. L'absence de fiscalité directe

61. Une exonération totale en commun contrebalançant la prise de risque. Les dispositions relatives à l'impôt sur le revenu luxembourgeois[181] se trouvent réformées à la suite de la transposition de la directive dite « AIFM ». Au regard du droit des sociétés luxembourgeois, toute société en commandite luxembourgeoise qui ne dispose pas de la personnalité morale bénéficie de la transparence fiscale[182]. La société échappe ainsi à toute imposition directe[183] à condition

---

[181] Loi modifiée du 4 décembre 1967 concernant l'impôt sur le revenu.

[182] C'est le cas de la société en commandite simple qui partage le même régime fiscal que la SCSp depuis sa réforme intervenue par la loi du 12 juillet 2013, celle-ci même qui a introduit la SCSp dans l'ordre juridique luxembourgeois.

[183] En droit fiscal luxembourgeois, la fiscalité directe regroupe trois impôts distincts pour une société. L'impôt sur le revenu des collectivités correspond à une imposition prélevée sur le revenu réalisé mondialement par toute société résidente au Grand-Duché (LIR., art. 159), ou bien sur l'ensemble des revenus de source luxembourgeoise réalisés par un établissement stable luxembourgeois (la filiale d'un

qu'elle ne soit pas reconnue comme menant une activité commerciale par l'administration fiscale[184]. Ainsi, les associés de la commandite spéciale tirent directement leurs revenus en fonction de leur quote-part d'intérêt détenue au sein du patrimoine de la société. Du fait de cette transparence fiscale de principe, la commandite spéciale échappe ainsi à tout assujettissement à l'impôt sur le revenu des collectivités[185] et à l'impôt commercial communal[186].

---

groupe étranger établie de manière stable au Luxembourg). L'impôt commercial communal, est quant à lui, un impôt local perçu par la commune sur laquelle est installée la société, son assiette de calcul peut s'assimiler sur certains points à celle de l'impôt sur le revenu des collectivités. Enfin, l'impôt sur la fortune dont l'assiette est l'actif net retraité d'une société résidante au Luxembourg.

[184] V. *Supra.*, n° 316.

[185] L'IRC est un impôt perçu par l'État luxembourgeois et dû par toute société de capitaux. Il présente un taux de 21 %, lequel est majoré de 7 % au motif de la contribution au fonds pour l'emploi. Le taux réel applicable de l'IRC est par conséquent de 22,47 %. Toutefois, lorsque le résultat imposable ne dépasse pas 15 000 euros, le taux réduit de 21,4 % est alors applicable. Il existe un montant minimum d'IRC à payer. Il est d'un montant de 3210 euros pour certaines entreprises. Les conditions d'imposition minimale sont : 1) que la somme des immobilisations financières, valeurs mobilières, créances intragroupe et avoirs en banque dépasse 90 % du total du bilan luxembourgeois de la société assujettie ; ou que : 2) le bilan de la société soit inférieur à 350 000 euros. Enfin, l'IRC n'est pas déductible du résultat comptable imposable. V. en ce sens : D. DEITCHMANN, « Les principes de base de l'imposition des sociétés de capitaux », *Rev. Entr. mag.,* sept./oct. 2015, p. 12.

[186] L'ICC est un impôt perçu par la commune du lieu de domiciliation de la société de capitaux (celle de son siège social). Précisons que le taux d'ICC diffère d'une commune à l'autre, car chacune fixe librement son propre taux d'imposition. Nous prendrons comme exemple la ville de Luxembourg avec son taux de 6,75 %. La totalité des taux est publiée annuellement au Mémorial B, lequel est un composant du journal officiel du Grand-Duché. L'ICC n'est pas non plus déductible du résultat comptable imposable. Toutefois, un abattement de 17 500 euros s'applique au bénéfice imposable soumis à l'ICC. Aucune imposition

Ce sont donc les sociétés porteuses de parts qui sont les assujetties et non la commandite spéciale. Il en sera de même concernant l'impôt sur la fortune[187] puisque l'actif net de la commandite spéciale est détenu directement par les associés de celle-ci. Lorsque ces derniers ne sont pas des résidents luxembourgeois, ils peuvent bénéficier des conventions fiscales (s'il en existe) passées entre leur pays de résidence et celui d'où les revenus sont générés. Si la transparence est reconnue par les deux États, alors tout cas de double imposition sera évité, faisant de la commandite spéciale un outil efficient en termes d'optimisation fiscale à condition que toute commercialité de son activité soit écartée.

62. Un aspect fiscal commun et complémentaire en termes de fiscalité indirecte. La transparence fiscale pure faisant défaut aux sociétés françaises pourtant très recherchée pour maximiser les profits engendrés par un investissement à risque comme le capital-investissement doit également permettre une complémentarité fiscale. L'absence de fiscalité directe appelle nécessairement à un traitement identique vis-à-vis de la fiscalité indirecte.

---

minimum n'est en vigueur concernant l'ICC. V. en ce sens : D. DEITCHMANN, *art. préc.*

[187] L'IF est dû lui aussi par toute société de capitaux luxembourgeoise. Il est calculé au regard de la valeur unitaire et réelle de la société. Son assiette d'imposition est donc l'actif net de la société à la date du 1er janvier, après que soient intervenus les ajustements comptables en termes de participations et d'immeubles. Le taux d'imposition de l'IF est de 0,5 %. Une remise d'impôt est possible sous condition qu'elles aient constitué une réserve d'un montant égal à 5 fois celui correspondant à la remise demandée et la maintenir pendant 5 années à leur bilan comptable. Cette réserve d'IF est plafonnée à un montant égal à 5 fois celui de l'IRC payé en N-1 par la société en lui soustrayant le montant de l'impôt minimum. Là encore, l'IF comme les autres impôts précités (IRC et ICC), n'est pas déductible du bénéfice imposable de la société. V. en ce sens : D. DEITCHMANN, *art. préc.*

§2. L'absence de fiscalité indirecte

63. L'assujettissement des associés des deux sociétés étrangères. La commandite spéciale n'est pas assujettie à la taxe sur la valeur ajoutée luxembourgeoise en raison de son absence de personnalité fiscale. Ses associés le sont à sa place concernant les biens et services réalisés puisqu'ils ne disposent pas d'une personnalité fiscale distincte de celle de la société en commandite spéciale. La taxe sur la valeur ajoutée luxembourgeoise a été instaurée en 1970[188]. Les opérations imposables au titre de celle-ci sont les livraisons de biens et prestations de services effectuées à l'intérieur du Grand-Duché par un assujetti. Il en va de même pour les acquisitions intracommunautaires de biens à l'intérieur du pays par un assujetti et les importations de biens en provenance de pays tiers[189].

L'assujetti est défini en droit fiscal luxembourgeois comme étant toute personne physique ou morale s'adonnant à titre habituel et en toute indépendance à diverses opérations qui relèvent d'une activité économique[190], quel qu'en soit le but, le lieu de réalisation ou encore le résultat. L'activité économique, notion centrale du droit fiscal luxembourgeois en matière d'assujettissement à la taxe sur la valeur ajoutée luxembourgeoise a été éclaircie par le juge européen à plusieurs occasions[191]. Nous ne reviendrons pas

---

[188] Elle est venue remplacer l'impôt cumulatif sur le chiffre d'affaires (ICCA).

[189] LTVA., art. 2.

[190] J. SCHAFFNER, *op. cit.,* citant CJCE, 23 mars 2006, *aff.* C-210/04, FCE Bank Ltd : il n'est en aucune façon possible de caractériser une activité économique soumise à TVA lorsqu'un siège de société rend des services à sa succursale étrangère, laquelle ne dispose ni de la personnalité juridique, ni d'une activité économique indépendante.

[191] J. SCHAFFNER, *op. cit.,* citant citant CJCE, 6 février 1997, *aff.* C-80/95, Harnas & Helm CV : l'activité de détention et de gestion d'un

sur les règles de territorialité[192] qui reprennent celles de droit français[193].

Ces effets sont justement ce que recherchent les investisseurs en *Private Equity* afin de créer un levier fiscal à leur stratégie financière et éviter ainsi que leur retour sur investissement soit soumis à une imposition qui viendrait réduire l'attrait financier de la prise de risque.

64. Une transparence fiscale accompagnée par un régime mère-filiale optimal. La transparence fiscale pure dont est dotée la société en commandite spéciale fait d'elle la structure d'investissement à privilégier pour mener une activité d'investissement en *Private Equity*. Le régime mère-filiale permet quant à lui de décupler cet avantage fiscal au niveau international.

---

portefeuille obligataire n'est en rien constitutive d'une activité économique soumise à TVA ; CJCE, 20 juin 1991, *aff.* C-60/90, Polysar Investments Netherlands BV : une société holding dont l'unique objet est la prise de participation dans d'autres entreprises, sans immixtion dans la gestion de celles-ci, ne peut avoir la qualité d'assujettie à la TVA ; CCE, 12 juillet 2001, *aff.* C-102/00, Welthgrove BV : le juge communautaire est venu préciser la portée de l'arrêt Polysar en déclarant qu'une société qui s'engage activement dans la gestion de ses filiales a la qualité d'assujetti pour autant qu'elle rende des services effectivement soumis à TVA ; M. LAMBION, « Organismes de placement collectifs et TVA : rétrospective et perspective », ACE, n° 2011/5, p. 3.

192 LTVA., arts. 14, 17, 18 et 19.

193 J. SCHAFFNER, *op. cit.,* citant A. MURRATH, C. HERBAIN, « The « VAT package » changes. What should business do now ? », Connexion, 3rd quarter 2008, p. 37 ; Th. LESSAGE, B. GASPAROTTO, « Les notions de siège et d'établissement en matière de TVA », ACE, 2007, p. 3.

- Chapitre II -

L'efficiente complémentarité du régime mère-filiale des associés

65. La transparence fiscale couplée au régime mère-filiale permet au Luxembourg de disposer d'arguments juridiques et fiscaux redoutables lorsqu'il s'agit d'attirer sur son territoire des capitaux dédiés à l'investissement en *Private Equity*. Seules des conditions d'application attractives doivent être respectées pour se prévaloir de tels montages (**Section I**). Elles induisent des effets d'ordres fiscaux qui n'en sont que plus optimisant pour leurs associés (**Section II**).

Section I-Des conditions d'application attractives

66. Le droit des sociétés luxembourgeois exige, et cela va de soi, que la société de participation financière soit domiciliée au Luxembourg (**§1**). En revanche, les associés personnes morales de celle-ci sont libres d'être domiciliés là où ils souhaitent (**§2**). Cela n'empêche en rien à la *soparfi* de détenir une participation substantielle au sein de ses filiales (**§3**).

§1. La domiciliation nationale de la *soparfi*

67. La domiciliation luxembourgeoise de la société mère. La société mère, la *soparfi*, doit être domiciliée au Luxembourg. La loi ne lui impose pas de disposer de ses propres locaux. Elle peut ainsi opter pour un contrat de domiciliation qui est strictement encadré au Grand-Duché afin d'éviter certaines dérives de la part d'investisseurs étrangers[194]. C'est le fait d'être domiciliée au Luxembourg pour la société mère qui lui permet d'être reconnue comme une société de droit luxembourgeois et de pouvoir ainsi bénéficier des exonérations fiscales recherchées.

Pour le droit international privé, la notion de siège social correspond à la domiciliation inscrite aux statuts de la société en question. En revanche, le droit français opte pour la complémentarité du lieu d'activité réel de la société et celui du fonctionnement effectif de sa direction[195]. La jurisprudence européenne tente de trancher entre les deux positions[196], mais reste toutefois assez partagée. La société

---

[194] La loi du 31 mai 1999 relative à la domiciliation des sociétés, Mém. A 1999, p. 1681, art. 1 (1) exige que « lorsqu'une société établît auprès d'un tiers un siège pour y exercer une activité dans le cadre de son objet social et que ce tiers prête des services quelconques liés à cette activité, la société et ce tiers, appelé domiciliataire, sont tenus de conclure par écrit une convention dite de domiciliation. Seul un membre inscrit de l'une des professions réglementées suivantes, établi au Grand-Duché de Luxembourg, peut être domiciliataire : établissement de crédit ou autre professionnel du secteur financier et du secteur des assurances, avocat, réviseur d'entreprises, expert-comptable ».

[195] V. en ce sens : Cass. 1ère civ., 21 juillet 1987, n° 85-13.417 ; Cass. crim., 31 janvier 2007, n°05- 82671; CA Paris, 12 juin 2012, n° 10/24467 (application par les juges de la méthode du faisceau d'indices concernant deux *soparfi*).

[196] V. en ce sens : CJCE, 10 juillet 1986, D.H.M. Segers c/ Bestuur van de Bedrijfsvereniging voor Bank- en Verzekeringswezen, Groothandel en Vrije Beroepen, *aff.* n° C-79/85 ; CJCE, 9 mars 1999, Centros Ltd c/ Erhvervs-og Selskabsstyrelsen, *aff.* n° C-212/97 ; CJCE, 30 septembre 2003, Kamer van Koophandel en Fabrieken voor Amsterdam c/ Inspire Art Ltd, *aff.* n° C-167/01 : Il ressort de cette jurisprudence européenne qu'au regard du principe de la liberté d'entreprendre, une société peut très bien être créée dans un autre État membre de l'Union autre que celui où se trouve son siège social dans le seul but de bénéficier d'une législation plus avantageuse. Cela même si ladite société exerce l'ensemble de son activité dans un autre État membre de l'Union. De plus, le juge européen présume que le centre des intérêts principaux d'une *soparfi* se trouve à son siège statutaire. Il ne s'agit que d'une présomption simple, laquelle peut être renversée à la condition que

mère doit revêtir la forme d'une société de capitaux. Elle doit être résidente luxembourgeoise (y posséder son siège social), et pleinement imposable comme telle. La société peut également être la succursale luxembourgeoise d'une société de capitaux, résidente d'un pays étranger avec lequel le Luxembourg a conclu une convention fiscale de non double imposition, ou encore la succursale d'un État membre de l'Union européenne.

Il faut noter que cette possibilité est très intéressante pour l'activité d'investissement en *Private Equity* dans le cadre d'un fonds alternatif non réglementé ne bénéficiant pas d'un passeport de commercialisation délivré par la Commission de surveillance du secteur financier. Notons que cela l'est tout autant pour une commandite spéciale constituant une *soparfi* et dont les associés sont aussi des *soparfis*.

§2. La souplesse de domiciliation des associés

68. La domiciliation large des associés de la *soparfi*. Les personnes morales associées au sein de chaque *soparfi* porteuse de part(s) d'une commandite spéciale doivent être domiciliées dans un État ayant conclu une convention de non double imposition avec le Grand-Duché[197]. Il faut garder à l'esprit qu'il y a une quarantaine de conventions conclues actuellement[198], servant autant pour la remontée

« des éléments objectifs et vérifiables par les tiers permettent d'établir l'existence d'une situation réelle différente de celle que la localisation audit siège statutaire » : CJCE, 3 mai 2006, Eurofood IFSC Ltd, *aff.* n° C-341/04.

[197] LIR. 147 et 166.

[198] V. notamment : Convention entre la France et le Grand-Duché de Luxembourg tendant à éviter les doubles impositions et à établir des règles d'assistance administrative réciproque en matière d'impôts sur le revenu et sur la fortune, version consolidée de la convention Franco-Luxembourgeoise du 1er avril 1958.

des dividendes et des plus-values des filiales vers la *soparfi* que pour la distribution de dividendes réalisée par cette dernière envers ses associés. À défaut, les associés personnes morales de la *soparfi* doivent être résidentes fiscales dans un État membre de l'Union européenne[199].

En pratique, une telle condition n'est en rien un inconvénient pour mener une stratégie d'investissement en *Private Equity*.

§3. La participation substantielle de la *soparfi*

69. Le siège social européen de la filiale. La société mère devant être une société de capitaux, doit également détenir une participation substantielle au sein de sa filiale. La participation peut être détenue indirectement par le biais d'une société fiscalement transparente (comme la commandite spéciale)[200] dans le capital social d'une autre société de capitaux résidente au Grand-Duché et pleinement imposable. Il peut être fait de même dans une société résidente d'un État membre de l'Union européenne soumise à l'impôt sur les bénéfices[201]. La prise de participation peut également être réalisée au sein du capital d'une société de capitaux non-résidente et située hors Union européenne[202].

---

[199] *Ibid.*

[200] Rappelons ici que toute société de capitaux peut être utilisée comme *soparfi*. Il en va de même pour les sociétés de personnes luxembourgeoises que sont la SCS et la SCSp.

[201] Donc dans un État soumis lui aussi à la directive mère-filiale. De plus, le taux d'imposition en vigueur dans l'État membre où est située la filiale peut être différent de celui pratiqué au Luxembourg en matière d'impôt sur le revenu des collectivités (IRC).

[202] La société est par conséquence exclue du régime mère-filiale de la directive européenne.

Celle-ci doit être soumise à un impôt équivalent à celui du revenu des collectivités en vigueur au Grand-Duché[203].

Là encore, cette condition n'empêche en rien de prendre une envergure internationale à l'investissement destiné à mener une stratégie de capital-investissement ; elle ne fait même que le faciliter.

70. Un ensemble de mécanismes fiscalement optimisant. Si les acteurs internationaux du *Private Equity* domicilient de préférence leurs sociétés au Luxembourg, c'est parce que d'attractifs effets fiscaux sont attendus en retour. La *soparfi* démontre toute son utilité lorsqu'elle est employée à la fois en tant que société-mère et comme porteuses de parts de la commandite spéciale.

Section II-Des effets attendus d'optimisation fiscale internationale

71. Sous couvert du respect des règles de détention et de durée de participation, les associés personnes morales de la société en commandite spéciale exploitent de manière efficace le régime mère-filiale à la différence de ce que refuse la jurisprudence *Artemis* aux holdings françaises. La *soparfi* associée de la commandite spéciale peut ainsi

---

[203] Le législateur luxembourgeois considère comme tout impôt équivalent à l'ICR tout « impôt perçu par la collectivité publique de façon obligatoire et à un taux d'impôt effectif qui ne peut être inférieur à la moitié du taux luxembourgeois » ; par ailleurs, il est exigé que « la détermination de la base imposable doit obéir à des règles et critères analogues à ceux applicables au Grand-Duché de Luxembourg » : C. Fisc., Vol. 2, LIR., art. 166, et Doc. Parl. n° 5232, p. 8. Précisons que le régime *soparfi* ne pourra alors s'appliquer qu'aux sociétés installées en dehors de l'Union Européenne pour lesquelles leur État respectif d'immatriculation aura conclu une convention fiscale avec le Grand-Duché comportant une clause d'exonération ne nécessitant pas de présenter un taux d'imposition sur les bénéfices comparables à celui de l'ICR luxembourgeois.

bénéficier d'une exonération de retenue à la source des dividendes (**§1**) ainsi que des plus-values de cession (**§2**) distribuées par les filiales et sous-filiales dans le cadre de leurs stratégies respectives d'investissement (montage en cascade)[204].

§1. Une exonération attendue des dividendes

72. Les exonérations d'imposition des dividendes perçus par la *soparfi* démontrent de l'intérêt pour l'investissement en *Private Equity* malgré des conditions strictes à observer (**A**) ; cela grâce à des effets exonératoires (**B**).

A-Des conditions strictes

73. Des conditions d'exonération adaptées à l'investissement en *Private Equity*. L'exonération des dividendes distribués par la filiale (l'entreprise cible) nécessite que la société mère (la *soparfi*) détienne ou s'engage à détenir une participation au sein du patrimoine de la commandite spéciale. Ce dernier doit donner des droits à la *soparfi* dans le capital de la filiale distributrice à hauteur d'au moins 10% ou d'une valeur d'au moins 1,2 million d'euros. Dans les deux situations, la *soparfi* doit respecter une période continue de détention des titres durant au moins 12 mois[205]. Il faut préciser que l'exonération se

[204] Un montage en cascade consiste à superposer entre elles un certain nombre de sociétés en leur faisant détenir chacune une part de capital de la suivante : il s'agit de créer des filiales et des sous-filiales. L'objectif est d'obtenir un effet de levier juridique, fiscal et financier décuplé.

[205] LIR., art. 147 et 166.

borne aux revenus nets de participation[206]. Cela exclut notamment les revenus en provenance d'une participation reçue en échange d'une autre participation, soit l'acquisition de sociétés par un échange de titres[207].

De telles conditions de participation ne sont adaptées qu'à la pratique de l'investissement en capital au sein de grandes entreprises non cotées en bourse. Il est en effet peu probable que la participation de la *soparfi* associée dans la commandite spéciale puisse avoir une valeur *a minima* de 1,2 million d'euros au sein de la petite ou moyenne entreprise détenue en portefeuille ; à moins, toutefois, qu'elle ne soit la seule associée commanditaire.

Si ces conditions ne sont pas respectées, le dividende ne bénéficiera que d'un abattement de 50% s'il est alloué par une société de capitaux pleinement imposable ou résidente dans un État hors Union européenne avec lequel le Grand-Duché a conclu une convention fiscale évitant la double imposition. La société de capitaux doit également être pleinement imposable à un impôt correspondant à l'impôt sur les revenus des collectivités[208] et à l'impôt commercial luxembourgeois[209]. Il en va de même si la filiale est résidente d'un pays de l'Union européenne et visée par la directive mère-filiale[210].

Par ailleurs, les personnes morales étrangères associées de la *soparfi* doivent elles aussi respecter des conditions similaires au sein de celle-ci pour que les distributions de dividendes réalisées par la *soparfi* soient également

---

206 J. SCHAFFNER, *op. cit.,* p. 364, n° 255, citant G. GENTA, « Dividends received by investment funds : an EU law perspective », European Taxation, February/March 2013, April 2013, p. 141.

207 LIR., art. 22*bis*.

208 LIR., art. 115, (15).

209 GewStG., art. 9, lequel diffère un tant soit peu des dispositions de l'art. 166 (1), LIR.

210 GewStG., art. 9.

exonérées dans les mêmes proportions[211]. Au regard des dispositions propres au régime *soparfi*, la distribution de dividendes réalisée par celle-ci au profit de ses associés personnes morales étrangères donne lieu à une retenue à la source d'un montant de 15 %. Celle-ci est évitée si les sociétés étrangères associées, qui sont de surcroît résidentes fiscales d'un État membre de l'Union européenne (ou non), s'engagent à remplir les conditions de détention et de participation invoquées précédemment. Une autre possibilité pour échapper à la retenue à la source est prévue : la distribution de dividendes réalisée par la *soparfi* au profit de ses associés étrangers personnes morales doit provenir d'une distribution du *boni* de liquidation de la part de la filiale[212].

B-Des effets exonératoires

74. L'exonération des dividendes distribués par la filiale et par la *soparfi*. Ces conditions remplies, sous le régime fiscal mère-fille, la filiale ne pratique aucune retenue à la source sur revenus de capitaux lors de la distribution de dividendes à sa société mère[213]. Toutefois, sous peine de perdre son exonération, la filiale doit indiquer le montant de ses revenus de capitaux exempts de la retenue d'impôt dans la déclaration dédiée qu'elle doit adresser à l'Administration des contributions directes. Le délai étant de 8 jours à compter de la distribution effective des sommes.

Par ailleurs, le *boni* de liquidation n'est jamais qualifié de dividende par le législateur fiscal du Grand-Duché, lui permettant d'échapper à toute retenue à la source.

---

[211] LIR. 147 et 166.
[212] LIR. 147 et 166.
[213] LIR., art. 147.

De plus, après exonération de la distribution des dividendes, le régime mère-filiale permet là encore l'exonération à l'impôt sur le revenu des collectivités ainsi qu'à l'impôt commercial (sous réserve du respect des conditions précitées) de ceux-ci lors de leur perception par la société mère. Cependant, le législateur précise que les charges relatives à ces revenus exonérés[214] perdent leur caractère déductible[215].

Par conséquent, les porteurs de parts de la commandite spéciale menant une activité de capital-investissement répondant aux conditions susvisées trouveront dans le régime *soparfi* une récompense fiscale à leur prise de risque. L'activité de *Private Equity* consiste dans un premier temps à rémunérer les porteurs de parts *via* des dividendes. Sachant que les premiers ne vont apparaître en moyenne qu'au bout de la quatrième année après investissement, les conditions du régime mère-filiale peuvent être remplies allègrement.

75. Attraits fiscaux européens. Chaque État membre de l'Union européenne a bénéficié d'une souplesse de transposition de la directive mère-filiale, entraînant là

---

[214] Il s'agit notamment et principalement des intérêts, frais de gestion, et déductions pour dépréciations.

[215] Tout va dépendre de la loi fiscale de l'État membre (ou hors UE mais ayant passé une convention fiscale de non-imposition avec le Grand-Duché de Luxembourg) dans lequel seront situés les sièges respectifs de chaque associé de la société-mère. Certains États vont s'abstenir d'imposer ces bénéfices, tandis que d'autres vont les imposer en accordant « un crédit d'impôt équivalent à l'impôt sur les sociétés (IS) auquel est assujettie la filiale d'où proviennent les bénéfices perçus ainsi qu'au montant du montant de la retenue à la source prélevée par l'État membre de la filiale ». Source : J. SCHAFFNER, *op. cit.*, p. 364, n° 255, citant D. SMIT, « The Haribo and Österreichische Salinen cases : to what entent is the ECJ willing to remove international double taxation caused by member states ? », European Taxation, July 2011, p. 275.

encore des disparités d'imposition des plus-values de cession entre le Grand-Duché et l'Outre-Manche. Un régime attractif propre à la société de participation financière est à prendre en compte pour les investisseurs en *Private Equity*.

§2. Une exonération attendue des plus-values de cession

76. Le traitement fiscal luxembourgeois des plus-values de cession correspond aux attentes de l'investissement en *Private Equity*, cela malgré des conditions strictes de participation (**A**). Mais celles-ci s'oublient vite face à des effets fiscaux exonératoires (**B**).

A-Des conditions strictes

77. Des conditions identiques à celles exigées pour les dividendes. Toutefois, pour qu'une telle exonération soit autorisée par l'administration fiscale du Grand-Duché, certaines conditions sont à respecter. La *soparfi* porteuse de parts de la société en commandite spéciale doit détenir (ou s'engager à) une participation pendant 12 mois de manière continue. La valeur de la participation doit être d'au moins 10 % du capital social de la filiale distributrice. À défaut, la participation de la *soparfi* au capital social de la filiale doit être d'une valeur minimale de 6 millions d'euros[216]. L'interposition d'un véhicule d'investissement fiscalement transparent qu'est la commandite spéciale n'y change rien. Les mêmes remarques que celles développées précédemment au sujet des conditions d'exonération d'imposition des dividendes trouvent à s'appliquer pour ce

---

[216] Règlement Grand-Ducal du 21 décembre 2001 portant exécution de l'article 166, alinéa 9, numéro 1 de la loi modifiée du 4 décembre 1967 concernant l'impôt sur le revenu.

seuil de détention d'un titre donnant accès au capital d'une petite ou moyenne entreprise cible.

Cependant certaines exceptions demeurent. Malgré le respect de ces conditions, toute plus-value de cession réalisée par « la cession d'une participation reçue en neutralité fiscale en échange d'une autre participation n'est pas exonérée dans la mesure où la plus-value réalisée lors de la cession de l'ancienne participation n'aurait pas été exonérée »[217]. De plus, les plus-values de cession perçues par une société-mère non-résidente[218] sont imposables alors que le taux de participation est de 10 % du capital social de la filiale. Mais dans ce cas, la durée de détention n'aura pas dépassé les 6 mois au jour de la perception des sommes[219]. Des conditions similaires sont à observer pour les associés personnes morales d'une *soparfi*.

En utilisant une *soparfi*, les investisseurs en *Private Equity* bénéficient d'importantes exonérations. Celles-ci permettent, là encore, de faire du Grand-Duché l'une des places financières européennes incontournables.

B-Des effets exonératoires

78. L'exonération des plus-values de cession de participations importantes et du *boni* de liquidation. En application du régime mère-filiale, les plus-values dégagées lors de la cession de participations détenues par la société mère dans le capital de sa filiale sont exonérées de l'impôt sur le revenu des collectivités[220]. Cependant, l'ensemble des charges relatives à ces revenus exonérés perdent là

---

[217] LIR., art. 22*bis*.
[218] *Soparfi* porteuse de parts de la SCSp constituant en FIA.
[219] LIR., art. 156 (8).
[220] Règlement Grand-Ducal portant exécution de l'art. 166 (9) LIR.

encore leur caractère déductible[221]. Le *boni* de liquidation, ou produit de partage, relève d'une exonération fiscale prévue par le régime mère-filiale[222]. En effet, il est considéré comme un revenu entrant sous le joug de ce dernier[223] dès lors qu'il provient d'une dissolution de la filiale, de sa transformation ou de sa fusion[224]. Il en va de même lors de l'absorption de la filiale ou de sa scission ou encore lorsque le *boni* de liquidation provient de l'acquisition par la filiale du statut de société exemptée d'impôt[225]. Précisons que l'exonération porte uniquement sur le revenu net résultant du partage et non sur le produit brut[226].

Une telle situation fiscale ne peut qu'attirer sur le sol luxembourgeois les porteurs de parts de la commandite spéciale menant une activité d'investissement en *Private Equity*. Effectivement, une telle stratégie consiste dans un premier temps à exploiter les sociétés cibles pour en tirer des dividendes. Mais lorsque la stratégie échoue et qu'elle aboutit à la liquidation de la filiale, il est important de pouvoir rémunérer au maximum les porteurs de parts ayant perdu leurs investissements. L'exonération du *boni* de liquidation va dans ce sens. Elle permet aux associés du

---

[221] Les plus-values de cession deviennent toutefois imposables lors de la cession de la participation lorsque la société détentrice déduit ou a déduit une charge en rapport avec sa participation dans la filiale cédée. Dès lors, la plus-value devient imposable à hauteur du montant des charges précédemment déduites. Il en va de même lorsque la participation cédée avait été acquise en réinvestissement d'une plus-value, notamment lors d'une opération de transfert de plus-value. Ainsi, dans pareille situation, la plus-value réinvestie est découverte et imposable à hauteur du montant préalablement transféré et immunisé.

[222] LIR., art. 166 (3).

[223] LIR., art. 166, (4).

[224] LIR., art. 101.

[225] LIR., art. 101.

[226] LIR., art. 166, (5).

fonds de ne pas être imposés sur le peu qu'ils récupèrent en matière de produit de partage.

L'impôt sur la fortune quant à lui prend comme assiette la fortune totale de la société de capitaux luxembourgeoise. Le taux fixe est de 0,5 %. Toutefois, la loi d'évaluation des biens et valeurs (*BewG*) comporte des dispositions quant à l'exonération des participations importantes[227] et durables perçues par les sociétés mères en provenance de leurs filiales. L'exonération en faveur du régime mère-filiale est destinée à « éliminer la participation importante de la valeur unitaire de la fortune d'exploitation de la société »[228]. Rappelons tout de même que les différentes dettes destinées à financer les actifs exonérés d'impôt sur la fortune ne peuvent être déduites de l'actif net. Là encore, l'analyse démontre la volonté du Grand-Duché d'attirer les investisseurs du monde entier à recourir à la *soparfi*. L'impôt sur la fortune joue un rôle central. Au lieu de bloquer l'investissement à risque, il y encourage.

Ce n'est pas le cas dans certains pays comme la France, où le dispositif ISF-PME fut abandonné avec l'entrée en application de l'impôt sur la fortune immobilière (IFI), lequel remplace l'impôt sur la fortune (ISF). La nouvelle assiette ne portant désormais que sur le patrimoine immobilier de l'assujetti[229]. Les revenus du capital en sont exclus. Seul subsiste le dispositif IR-PME. Celui-ci est bien trop en deçà de l'incitation luxembourgeoise.

---

[227] Rappelons que les participations importantes sont considérées en droit luxembourgeois comme étant celles qui correspondent au moins à 10 % du capital social de la filiale ou qui ont été acquises pour un montant au moins égal à 1 200 000 euros.

[228] BewG., art. 60 : cet article correspond pour l'IF de manière équivalente à l'article 166 LIR précité concernant l'IR.

[229] Loi n° 2017-1837 du 30 décembre 2017 de finances pour 2018, publiée au JORF n°0305 du 31 décembre 2017, texte n° 2, art. 31.

Investir dans une société fiscalement transparente n'entrave en rien le dispositif incitatif luxembourgeois[230]. Les exonérations de plus-values de cession de toute retenue à la source et d'impôt sur la fortune favorisent un fort regain de l'activité d'investissement en *Private Equity* au Grand-Duché.

Cet ensemble de mesures fiscales permettent au Grand-Duché du Luxembourg d'être une place financière incontournable.

[230] BewG., art. 60 : toute détention d'une participation au travers d'une société reconnue comme fiscalement transparente doit être considérée comme détention directe dans le capital social de la filiale. Cela concerne principalement la SCS et la SCSp.

Conclusion

79. Bilan et perspectives. L'analyse juridique et fiscale de la société en commandite spéciale ainsi que des montages juridiques et fiscaux utilisés par les acteurs mondiaux du capital-investissement doit interpeller. En effet, comme nous venons de le démontrer dans nos développements, si cette société étrangère présente une souplesse juridique proche de celle de la société de libre partenariat, elle dispose d'une transparence fiscale pure. Ce n'est pas le cas de la société de libre partenariat. Celle-ci est dotée d'un régime fiscal lacunaire et inadapté pour mener une activité de *Private Equity*. La transparence fiscale permet d'optimiser les investissements internationaux grâce au régime de *soparfi* revêtu par les investisseurs. Une optimisation que ne permet pas la société de libre partenariat à l'égard d'investisseurs résidents fiscaux étrangers. Cette même transparence fiscale permet d'imputer les déficits générés par les entreprises cibles sur les revenus personnels des associés de la commandite spéciale. Effectivement, la technique luxembourgeoise de l'intégration fiscale proche de celle de notre droit interne favorise de tels montages. En droit britannique, le report des déficits, le procédé du *group relief*[231], ainsi que celui de l'*overlap relief*[232], s'inscrivent également dans une telle perspective.

Cependant, l'absence de personnalité juridique de la société en commandite spéciale alors même qu'elle dispose d'un patrimoine propre et distinct de celui de ses associés reste un non-sens juridique. Nous nous apercevons donc

---

[231] Pour le détail du régime fiscal britannique des groupes de sociétés, et des exemples de calculs, v. notamment : A. MAVRIKAKIS, H. WATSON, C. MORRIS, N. HANCOCK, *op. cit.*, n° 23.3, pp. 374-377.

[232] ITTOIA. 2005., s. 850.

que si la commandite spéciale dispose d'atouts juridiques séduisants pour le capital-investissement, elle présente aussi de sérieuses lacunes. Certains États l'ont remarqué. Comme nous l'avons dit précédemment, le Delaware, notamment, dispose d'un *limited partnership* doté de la personnalité juridique mais pas de la personnalité fiscale. Il peut donc en toute logique posséder un patrimoine propre et distinct de celui de ses associés. Il n'est pas pour autant privé d'une transparence fiscale pure. Ce caractère le rapproche de notre société immobilière de copropriété.

Dès lors, nous venons de démontrer que le législateur français s'est très fortement inspiré du droit luxembourgeois pour créer la société de libre partenariat. Selon nous, celle-ci doit être repensée d'un point de vue tant juridique que fiscal, sans pour autant reproduire les erreurs du droit étranger. Il s'agit de faire de la place financière française celle privilégiée par les acteurs du *Private Equity* en Europe afin de sauver un maximum d'emplois en France et ailleurs.

Bibliographie

(classement alphabétique par auteur)

I-Ouvrages

1. Ouvrages généraux : manuels, chapitres et cours

a. Français

ABATE (G.), Le régime fiscal des sociétés de personnes : Imposition des revenus, LGDJ, 2014.

AULAGNIER (J.) et al., Le Lamy Patrimoine, Lamy, 2018.

BEGUIN (J.), « La nationalité juridique des sociétés commerciales devrait correspondre à leur nationalité économique », in Mélanges Pierre Catala, 2001, p. 859.

BÉNABENT (A.), Droit civil-Les contrats spéciaux civils et commerciaux, Domat droit privé, 9ème éd., Montchrestien, 2011.

BINTY DIOP (N.), SALVADOR (M.-L.), « La transparence des personnes morales en droit fiscal » in F. TERRÉ, La personnalité juridique, BIOY (X.) (ss. dir.), Presses de l'Université de Toulouse 1 Capitole, LGDJ, 2013, pp. 265-275.

BOIZARD (M.), RAIMBOURG (Ph.) et al., Ingénierie financière, juridique et fiscale, 3ème éd., Dalloz Action, 2015.

BOIZARD (M.), « Société en nom collectif », in BOIZARD (M.) et RAIMBOURG (Ph) (dir.), Ingénierie financière, fiscale et juridique 2015/2016, 3ème éd., Dalloz Action, 2015, p. 549.

BONNEAU (Th.), Régulation bancaire et financière européenne et internationale, 3ème éd., Bruylant, 2016.

BONNEAU (Th.), PAILLER (P.) et al., Droit financier, Domat droit privé, Montchrestien, 1ère éd., 2018.

CHADEFAUX (M.), COZIAN (M.), DEBOISSY (F.), Précis de fiscalité des entreprises 2016-2017, 40ème éd., LexiNexis, 2016.
COURET (A.), MARTIN (D.), Les sociétés holdings, Que sais-je ?, PUF, 1991.
COURET (A.), DEVÉZE (J.), PARACHKEVOVA (I.) et al., Droit du financement-Droit bancaire et financier, Lamy, 2018.
COZIAN (M.), VIANDIER (A), DEBOISSY (F.), Droit des sociétés, LexisNexis, 31ème éd., 2018.
DE BISSY (A.), « La personnalité fiscale du groupe en question(s) - Réflexion à propos de l'intégration fiscale et de la TVA consolidée » in BIOY (X.) (dir.), La personnalité juridique, Presses de l'Université de Toulouse 1 Capitole, LGDJ, 2013, pp. 233-241.
DERRUPPE (J.), LABORDE (J.-P.), Droit international privé, 16ème éd., Dalloz, 2008.
DONDERO (B.), Les groupements dépourvus de personnalité juridique en droit privé - Contribution à la théorie de la personnalité morale, préf. LE NABASQUE (H.), PUAM, 2006.
GALLAIS-HARMONNO (G.), SICAV et Fonds commun de placement, les OPCVM en France, coll. Que sais-je ?, Puf, 2ème éd., 1995.
ISSAURAT (L.), KORNPROBST (E.), RAIMBOURG (Ph.), « Opérations de prise de contrôle avec effet de levier », in BOIZARD (M.) et RAIMBOURG (Ph.) (dir.), Ingénierie financière, fiscale et juridique 2015/2016, 3ème éd., Dalloz Action, 2015.
JACQUILLAT (B.) et al., « Dividendes et autres répartitions des bénéfices », in M. BOIZARD et RAIMBOURG (Ph.) (dir.), Ingénierie financière, fiscale et juridique 2015/2016, 3ème éd., Dalloz Action, 2015.

LANDIER-JUGLAR (A.), BOMPAIRE (F.), Gestion collective - Gérant et dépositaire face à la maîtrise des risques, coll. marché finance, Revue Bancaire, 2017.
LE CANNU (P.), DONDERO (B.), Droit des sociétés, Domat droit privé, Montchrestien, 7ème éd., 2018.
LEVY (L.), La nationalité des sociétés, préf. B. GOLDMAN, LGDJ, 1984.
MALGOYRE (A.), Montages juridiques & habileté fiscale, Gualino, 2017.
MORÉTEAU (O.), Droit anglais des affaires, précis, 1ère éd., Dalloz, 2000.
MOULIN (J.-M.), Le droit de l'ingénierie financière-Le droit du financement du haut de bilan des sociétés, 4ème éd., Lextenso, 2014.
POITRINAL (F.-D.), GRUNDELER (G.), Le capital-investissement Guide juridique et fiscal, 5ème éd., Revue Bancaire, 2015.
SAYER (M.), DE BENTZMANN (M.), Les 100 mots du capital-investissement, coll. Que sais-je ?, Puf, 2013.
SEROUSSI (R.), Introduction au droit comparé, 3ème éd., Dunod, 2008.

b. Étrangers

ALTMAN (P.-M.), LUBAROFF (M.-I.), Delaware Limited Partnerships, Coll. Law and business, Wolters Kluwer, 2017.
BALL (S.), Hedge Funds, Sweet & Maxwell, 2011.
BLACKETT-ORD (M.), HAREN (S.), Partnership Law, 5th ed., Bloomsbury Professionnal, 2011.
DIDIER (P.), DIDIER (Ph.), Droit commercial, t.2 Les sociétés commerciales, n°42, Economica, 2011.
DURO (C.), La société en poche Luxembourg 2016-2017, Wolters Kluwer, 2016.

DUSEMON (G.), POGORZELSKI (C.), « Chapitre IV. Les commandites dans le contexte des fonds d'investissement et gestionnaires réglementés : l'impact de la loi du 12 juillet 2013 sur les gestionnaires de fonds d'investissement alternatifs sur les lois sectorielles applicables aux SICAR et FIS », in C. BOYER (dir.), Les commandites en droit luxembourgeois, coll. Les dossiers du journal des tribunaux du Luxembourg, Larcier, 2014.
ISAACSON (W.), *Einstein - His Life and Universe*, Simon & Schuster UK Ltd, 2007, p. 102.
KREMER (C.), LEBBE (I.), Organismes de placement collectif: et véhicules d'investissement apparentés en droit luxembourgeois, Larcier, 2014.
MALHERBE (J.), LAMBRECHT (P.), MALHERBE (P.), Droit des sociétés, Bruylant, 2004.
MISCHO (P.), « Chapitre II. La mise en place d'un fonds de private equity sous forme de société en commandite : aspects fiscaux », in BOYER (C.) (dir.), Les commandites en droit luxembourgeois, coll. Les dossiers du journal des tribunaux du Luxembourg, Larcier, 2014.
MOUSEL (P.), FAYOT (F.), La circulation des titres, Droit bancaire et financier du Grand-Duché de Luxembourg, 3ème éd., Larcier-ALJB, 2004.
PALMER (M.), DEWHURST (J.), International Tax Planning - UKCompanies and Partnerships, 4th ed., Jordan Publishing, 2015.
PANICHI (K.), « Chapitre III. Les commandites : la liberté contractuelle et les mécanismes de sanctions », in BOYER (C.) (dir.), Les commandites en droit luxembourgeois, coll. Les dossiers du journal des tribunaux du Luxembourg, Larcier, 2014.
PANICHI (K.), SCHUMMER (L.), GASTON-BRAUD (O.), « Les sociétés en commandite luxembourgeoises : des véhicules d'investissement », in ELISABETH (A.) et al., Droit bancaire et financier au Luxembourg, Vol. III,

Association luxembourgeoise des juristes de droit bancaire, Larcier, 2014.
PARTSCH (T.), BOYER (C.), « Chapitre VI. La société en commandite simple-constitution et gouvernance », in BOYER (C.) (dir.), Les commandites en droit luxembourgeois, coll. Les dossiers du journal des tribunaux du Luxembourg, Larcier, 2014.
POELMANS (O.), Droit des obligations au Luxembourg. Principes généraux et examen de jurisprudence, coll. Journal des tribunaux Luxembourg, Larcier 2013.
PRÜM (A.), Cent ans de droit luxembourgeois des sociétés, Larcier, 2016.
SCHAFFNER (J.), Droit fiscal international, Regards sur le droit luxembourgeois, 3ème éd., Larcier Promoculture, 2014.
SCHLEIMER (P.), « Chapitre I. Réflexions sur le régime patrimonial de la société en commandite spéciale », in C. BOYER (dir.), Les commandites en droit luxembourgeois, coll. Les dossiers du journal des tribunaux du Luxembourg, Larcier, 2014.
SCHUMMER (L.), STEICHEN (A.), « Chapitre VII. Société en commandite-Réflexion sur certaines obligations comptables », in BOYER (C.) (dir.), Les commandites en droit luxembourgeois, coll. Les dossiers du journal des tribunaux du Luxembourg, Larcier, 2014.
STEICHEN (A), Précis de droit fiscal de l'entreprise, coll. Les cours de l'Université de Luxembourg, Saint-Paul, 4e éd, 2013.
STEICHEN (A.), PANICHI (K.), BOYER (C.) et al., Les sociétés en commandite luxembourgeoise : des véhicules d'investissement, Droit bancaire et financier au Luxembourg, Larcier, Vol. 3, 2014.
VAN RYN (J.), HEENEN (J.), Principes du droit commercial, t.3, Bruylant, 2015.

2. Ouvrage spécial : thèse

FEYDEL (R.), Le refinancement d'entreprises en difficulté - L'optimisation du concept de capital-retournement, *Logiques juridiques-thèses*, L'Harmattan Paris, 2021.

II-Articles étrangers

AVERY JONES (Jh.), « Characterisation of other states' partnerships for income tax », Bulletin for International and Fiscal Documentation, July 2002, p. 288.

BEAUREGARD (Ph.), BRUNSWICK (Ph.), POTTIER (A.), BRISSOT (M.-H.), « Clauses de good/bad leaver, Comment assurer leur pleine efficacité ? », Actes prat. ing. sociétaires, n° 127.

BOONE (D.), TROTSKA (A.), « Le renouveau de la commandite : commandite simple et commandite spéciale », Jurisnews Droit des sociétés, vol. 4 et 6, n° 10/2012 et 1-2/2013, p. 213.

CERA (F.), « La Société en Commandite Spéciale, Nouveau véhicule d'investissement luxembourgeoise », Droit & Patrimoine n°237, 1er Juin 2014, p. 20.

COEKELBERGS (O.), LAKEBRINK (K.), « La Société en Commandite Spéciale, le dernier ingrédient du « package Private Equity » luxembourgeois ? », Agefi Luxembourg - Le journal financier de Luxembourg, Mars 2014.

COEKElBERGS (O.), AUBOURG (J.), « FIAR - Fonds d'Investissement Alternatif Réservé », Agefi Luxembourg, Journal financier de Luxembourg, Janv. 2016.

CORNAC (P.-H.), « Le siège social en droit luxembourgeois des sociétés », Journal des Tribunaux n°1, 5 Févr. 2009.

DEITCHMANN (D.), « Les principes de base de l'imposition des sociétés de capitaux », Rev. Entr. mag., p. 12, sept./oct. 2015, p. 12.

DERGATCHEFF (C.), « Droit comparé en matière de mécanismes fiduciaires : Pays anglo-saxons, Suisse, Luxembourg », JCP, E§A, n° 36, 6 sept. 2007.
DEROULIN (Ph.), « La transparence fiscale des sociétés de personnes ou faut-il dissuader les étrangers à participer à de sociétés de personnes françaises ? », Droit Fiscal 1997, n° 50 et 51, pp. 1443 et 1484.
LESSAGE (Th.), GASPAROTTO (B.), « Les notions de siège et d'établissement en matière de TVA », ACE, 2007, p. 3.
PANICHI (K.), « Société en commandite spéciale : une opportunité pour le Luxembourg », Avis d'expert, Paperjam-News économiques et financières, 03 décembre 2012.
SCARDONI (G.), BARANGER (S.), « Modernization of the Luxembourg partnership : Luxembourg's complétion of its arsenal of investment vehicles », European Taxation, December 2012.

Index

A

B

C

P

R

S

T

Table des matières

Structures éditoriales du groupe L'Harmattan

L'Harmattan Italie
Via degli Artisti, 15
10124 Torino
harmattan.italia@gmail.com

L'Harmattan Hongrie
Kossuth l. u. 14-16.
1053 Budapest
harmattan@harmattan.hu

L'Harmattan Sénégal
10 VDN en face Mermoz
BP 45034 Dakar-Fann
senharmattan@gmail.com

L'Harmattan Cameroun
TSINGA/FECAFOOT
BP 11486 Yaoundé
inkoukam@gmail.com

L'Harmattan Burkina Faso
Achille Somé – tengnule@hotmail.fr

L'Harmattan Guinée
Almamya, rue KA 028 OKB Agency
BP 3470 Conakry
harmattanguinee@yahoo.fr

L'Harmattan RDC
185, avenue Nyangwe
Commune de Lingwala – Kinshasa
matangilamusadila@yahoo.fr

L'Harmattan Congo
67, boulevard Denis-Sassou-N'Guesso
BP 2874 Brazzaville
harmattan.congo@yahoo.fr

L'Harmattan Mali
ACI 2000 - Immeuble Mgr Jean Marie Cisse
Bureau 10
BP 145 Bamako-Mali
mali@harmattan.fr

L'Harmattan Togo
Djidjole – Lomé
Maison Amela
face EPP BATOME
ddamela@aol.com

L'Harmattan Côte d'Ivoire
Résidence Karl – Cité des Arts
Abidjan-Cocody
03 BP 1588 Abidjan
espace_harmattan.ci@hotmail.fr

Nos librairies en France

Librairie internationale
16, rue des Écoles
75005 Paris
librairie.internationale@harmattan.fr
01 40 46 79 11
www.librairieharmattan.com

Librairie des savoirs
21, rue des Écoles
75005 Paris
librairie.sh@harmattan.fr
01 46 34 13 71
www.librairieharmattansh.com

Librairie Le Lucernaire
53, rue Notre-Dame-des-Champs
75006 Paris
librairie@lucernaire.fr
01 42 22 67 13

www.ingramcontent.com/pod-product-compliance
Lightning Source LLC
LaVergne TN
LVHW051113051026
849532LV00004BB/1531
* 9 7 8 2 3 4 3 2 5 5 2 9 3 *